中国国情调研丛书
乡镇卷
China's national conditions survey Series
Vol. towns

中国国情调研丛书·乡镇卷
China's national conditions survey Series · Vol towns

主　编　刘树成
　　　　吴太昌

农村社会经济发展的变迁

——山东省陵县边临镇国情调研

The change of economic development in
rural areas : a case study of bianlin town in
ling county of shandong Province

黄志钢　张平　张凡　著

中国社会科学出版社

图书在版编目(CIP)数据

农村社会经济发展的变迁：山东省陵县边临镇调研／黄志钢，
张平，张凡著 . —北京：中国社会科学出版社，2009.4
（中国国情调研丛书·乡镇卷）
ISBN 978 - 7 - 5004 - 6714 - 4

Ⅰ. 农… Ⅱ. ①黄…②张…③张… Ⅲ. ①农村—社会变
迁—调查研究—陵县②农村经济—经济发展—调查研究—陵县
Ⅳ. F327.524

中国版本图书馆 CIP 数据核字（2009）第 033747 号

责任编辑　薛　波
责任校对　韩天炜
封面设计　杨丰瑜
版式设计　木　子

出版发行　中国社会科学出版社
社　　址　北京鼓楼西大街甲 158 号　　邮　编　100720
电　　话　010—84029450（邮购）
网　　址　http://www.csspw.cn
经　　销　新华书店
印刷装订　北京一二零一印刷厂
版　　次　2009 年 4 月第 1 版　　印　次　2009 年 4 月第 1 次印刷
开　　本　710×1000　1/16
印　　张　14.75　　　　　　　　　插　页　2
字　　数　230 千字
定　　价　32.00 元

中国国情调研丛书·企业卷·乡镇卷·村庄卷

总　序

陈　佳　贵

　　为了贯彻党中央的指示，充分发挥中国社会科学院思想库和智囊团作用，进一步推进理论创新，提高哲学社会科学研究水平，2006年中国社会科学院开始实施"国情调研"项目。

　　改革开放以来，尤其是经历了近30年的改革开放进程，我国已经进入了一个新的历史时期，我国的国情发生了很大变化。从经济国情角度看，伴随着市场化改革的深入和工业化进程的推进，我国经济实现了连续近30年的高速增长。我国已经具有庞大的经济总量，整体经济实力显著增强，到2006年，我国国内生产总值达到了209407亿元，约合2.67亿美元，列世界第四位；我国经济结构也得到优化，产业结构不断升级，第一产业产值的比重从1978年的27.9%下降到2006年的11.8%，第三产业产值的比重从1978年的24.2%上升到2006年的39.5%；2006年，我国实际利用外资为630.21亿美元，列世界第四位，进出口总额达1.76亿美元，列世界第三位；我国人民生活水平不断改善，城市化水平不断提升。2006年，我国城镇居民家庭人均可支配收入从1978年的343.4元上升到11759元，恩格尔系数从57.5%下降到35.8%，农村居民家庭人均纯收入从133.6元上升到3587元，恩格尔系数从67.7%下降到43%，人口城市化率从1978年的17.92%上升到2006年的43.9%以上。经济的高速发展，必然引起国情的变化。我们的研究表明，我国的经济国情已经逐渐从一个农业经济大国转变为一个工业经济大国。但是，这只是从总体上对我国经济国情的分析判断，还缺少对我国经济国情变化分析的微观基础。这需要对我国基层单位进行详细的分析研究。实际上，深入基层进行调查研究，坚持理论与实际相结合，由此制定和执行正确的路线方针政策，是我们党领导革命、建设与改革的基本经验和基本工作方法。进行国情调研，也必须深入基层，只有深入基层，才能真正了解我国国情。

为此，中国社会科学院经济学部组织了针对我国企业、乡镇和村庄三类基层单位的国情调研活动。据国家统计局的最近一次普查，到 2005 年底，我国有国营农场 0.19 万家，国有以及规模以上非国有工业企业 27.18 万家，建筑业企业 5.88 万家；乡政府 1.66 万个，镇政府 1.89 万个，村民委员会 64.01 万个。这些基层单位是我国社会经济的细胞，是我国经济运行和社会进步的基础。要真正了解我国国情，必须对这些基层单位的构成要素、体制结构、运行机制以及生存发展状况进行深入的调查研究。

在国情调研的具体组织方面，中国社会科学院经济学部组织的调研由我牵头，第一期安排了三个大的长期的调研项目，分别是"中国企业调研"、"中国乡镇调研"和"中国村庄调研"。"中国乡镇调研"由刘树成同志和王延中同志具体负责，"中国村庄调研"由张晓山同志和蔡昉同志具体负责，"中国企业调研"由我和黄群慧同志具体负责。第一期项目时间为三年（2006—2008），每个项目至少选择 30 个调研对象。经过一年多的调查研究，这些调研活动已经取得了初步成果，分别形成了《中国国情调研丛书·企业卷》、《中国国情调研丛书·乡镇卷》和《中国国情调研丛书·村庄卷》。今后这三个国情调研项目的调研成果，还会陆续收录到这三卷书中。我们期望，通过《中国国情调研丛书·企业卷》、《中国国情调研丛书·乡镇卷》和《中国国情调研丛书·村庄卷》这三卷书，能够在一定程度上反映和描述在 21 世纪初期工业化、市场化、国际化和信息化的背景下，我国企业、乡镇和村庄的发展变化。

国情调研是一个需要不断进行的过程，以后我们还会在第一期国情调研项目基础上将这三个国情调研项目滚动开展下去，全面持续地反映我国基层单位的发展变化，为国家的科学决策服务，为提高科研水平服务，为社会科学理论创新服务。《中国国情调研丛书·企业卷》、《中国国情调研丛书·乡镇卷》和《中国国情调研丛书·村庄卷》这三卷书也会在此基础上不断丰富和完善。

2007 年 9 月

序　言

中国社会科学院在 2006 年正式启动了中国国情调研项目。该项目为期 3 年，将于 2008 年结束。经济学部负责该项目的调研分为企业、乡镇和村庄 3 个部分，经济研究所负责具体组织其中乡镇调研的任务，经济学部中的各个研究所都有参与。乡镇调研计划在全国范围内选择 30 个乡镇进行，每年 10 个，在 3 年内全部完成。

乡镇作为我国最基层的政府机构和行政区划，在我国社会经济发展中，特别是在城镇化和社会主义新农村建设中起着非常重要的作用，担负着艰巨的任务。通过个案调查，解剖麻雀，管窥蠡测，能够真正掌握乡镇层次的真实情况。乡镇调研可为党和政府在新的历史阶段贯彻城乡统筹发展，实施工业反哺农业、城市支持乡村，建设社会主义新农村提供详细具体的情况和建设性意见，同时达到培养人才，锻炼队伍，推进理论创新和对国情的认识，提高科研人员理论联系实际能力和实事求是学风之目的。我们组织科研力量，经过反复讨论，制定了乡镇调研提纲。在调研提纲中，规定了必须调查的内容和自选调查的内容。必须调查的内容主要有乡镇基本经济发展情况、政府职能变化情况、社会和治安情况三大部分。自选调查内容主要是指根据课题研究需要和客观条件可能进行的各类专题调查。同时，调研提纲还附录了基本统计表。每个调研课题可以参照各自调研对象的具体情况，尽可能多地完成和满足统计表所规定的要求。

每个调研的乡镇为一个课题组。对于乡镇调研对象的选择，我们没有特别指定地点。最终确定的调研对象完全是由课题组自己决定的。现在看来，由课题组自行选取调研对象好处很多。第一，所调研的乡镇大都是自己工作或生活过的地方，有的还是自己的家乡。这样无形之中节约了人力和财力，降低了调研成本。同时又能够在规定的期限之内，用最经济的支出，完成所担负的任务。第二，在自己熟悉的地方调研，能够很快地深入下去，同当地的父老乡亲打成一片、融为一体。通过相互间无拘束和无顾忌的交流，能够较快地获得真实的第一手材料，为最终调研成果的形成打下良好的基础。第三，便于同当地的有关部门、有关机构和有关人员加强联系，建立互惠共赢的合作关系。还可以在他们的支持和协助下，利用双方各自的优势，共同开展对当地社会经济发展状况的研究。

第一批的乡镇调研活动已经结束，第二批和第三批的调研将如期进行。在第一批乡镇调研成果即将付梓之际，我们要感谢经济学部和院科研局的具体安排落实。同时感谢调研当地的干部和群众，没有他们的鼎力支持和坦诚相助，要想在较短时间内又好又快地完成调研任务几乎没有可能。最后要感谢中国社会科学出版社的领导和编辑人员，没有他们高效和辛勤的劳动，我们所完成的乡镇调研成果就很难用最快的速度以飨读者。

目 录

前　言

一　研究背景

1992年经济所派我和魏众到山东德州陵县挂职锻炼，被分到陵县边临镇，我担任副镇长，工作一年，15年后中国社会科学院组织国情调研，让我能故地重新调研。

对边临镇最直观的感受是，镇政府驻地15年来没有大的变化，镇政府大院和15年前所在时一样，大楼也是原来的老楼，只是多了很多空调，我和魏众住的房间也依然如故，特别是我们使用的水缸也还在（没有上下

陵县边临镇人民政府

水的地方，水缸是非常有用的），卫生条件改善不大，但政府里多了一栋崭新的法院大楼。镇乔书记告诉我，他们没有新建镇政府大楼，但盖了法院，体现以法治镇的精神。虽然，边临镇政府格局没有较大变化，但边临镇在镇党委、政府的带领下，这些年来充分发挥了自身良好的自然条件、农业资源以及优越的地理交通位置等优势，全镇经济取得了长足发展。

首先，在农业经济发展上，尽管粮食种植面积下降，但经过小麦、玉米两种主要粮食作物的结构调整和科技投入单产的增加，保证了全镇粮食总产基本能维持在一个合适的水平。除粮食生产外，全镇各项副业生产也取得可喜成绩。20世纪末边临镇已形成了以蔬菜、水果、畜牧、水产为主导的四大产业，由于农副产品、畜牧产品资源丰富，盛产小麦、玉米、棉花、大豆、蔬菜和水果，边临镇被誉为京津南菜园，成为德州扒鸡、鲁西黄牛的养殖繁育基地。另外，由于农业经济结构逐渐合理和经济发展的势头良好，进入新世纪，全镇经济结构调整的内容也由以前以农业为主开始进入到第一、二、三产业之间的结构调整。2004年全镇第一、二、三产业的比例为5：2：3，在"压缩第一产业，大力发展第二、三产业"的原则指导下，目前，全镇第一、二、三产业的比例正向3：3：4发展。

其次，在工业经济发展上，依据边临镇农副产品发展较好的特点，镇政府一直以来把发展农副产品加工业作为全镇主要的工业经济支柱。早在20世纪80年代初，边临镇就发展了农副产品加工为主的乡镇企业，建立了副食加工厂、修配厂等乡镇企业。进入到1995年，全镇乡镇企业发展到11处，其中有9处乡镇企业还通过内引外联的方式分别与天津一国棉等8处国有大中型企业挂钩联营，使各项经济技术指标都登上了新台阶。此外，还通过发展主导产业、兴办村办企业、大搞积累等几种有效形式，使村级

陵县边临镇法院

集体积累不断壮大，全镇村级集体公共积累人均达到245元，30%以上的村人均占有集体积累500元以上，基本消除了集体经济空壳村。与此同时，全镇还努力发展民营企业，1995年民营企业发展到120家，工业实现产值1.5亿元，利税600万元。进入到21世纪后，镇政府确立了全镇促进工业发展的两大"天字号"工程，即招商引资和发展民营经济，并围绕这两大"天字号"工程，开始大上工业，上大工业，把大上工业，上大工业作为强镇富民、增加财政收入的重要举措，而且确定了在发展壮大传统优势项目——纺织业的同时，积极引进培植新项目的工作思路，逐渐形成了以招商引资为重点，培植工业园区，发展民营经济、小城镇建设和个体工商业三大主线的工业发展模式。近年来，在推动个体私营经济发展上，边临镇又确立了木业加工为主导产业的新渠道，形成了以宏森木业加工厂为龙头企业的"龙头企业＋合作社＋业户"的推动个体私营经济发展的生产经营方式。

随着工业发展与小城镇建设的互动，一方面小城镇建设推动了全镇的经济发展，一方面也使边临镇自身发展成为陵县一个综合经济实力较强的乡镇。2002年全镇实现了村村通油路和电话互联网，电信、邮政部门齐全，也促进了招商引资、城镇道路建筑建设、办开发区等事业的红红火火，如新开发的德东中小项目区，紧紧围绕德州市开发区大工业群，以大经济圈为依托正兴办起来。与此同时，全镇邮电、交通、贸易、教育等各项事业也有长足发展。从交通邮电来看，邮政业务总量32万元，电信业务总量182万元，农话0.47万户；公路通车里程76公里；农用机械62715马力，其中汽车135辆；从贸易旅游来看，城乡集贸交易市场建成6个，商品成交额305万元，进出口总额318万美元，其中出口总值210万美元，合同利用外资1320万美元，实际利用外资1125万美元，批准外商投资企业2家，旅游业年内接待国外客人1120人次，国内客人7300人次，实现旅游收入85万元；从科教文卫事业来看，全镇各级各类学校有12所，在校生0.18万人，其中义务教育学段在校生0.18万人，教职工200人，其中任教教师199人，医院1处，床位20张，卫生技术人员59人。

虽然1992—2007年的这15年，边临镇的经济发展与自身相比有了显著进步，但与中国经济的高速发展相比而言，农村的变化依然可以说是按着农业社会演进的慢节奏而推展开的，农村社会的完全改造也并非一两年就能完成的。最能体现这一点的，就是我们从陵县一路过来的所见形成的反差。可以说，中国经济的高速发展在陵县体现得较为明显，陵县城市化建设发展非常迅速。如陵县工业园区建设给人以非常深刻的印象，规划的园区整齐有序，标准厂房矗立，周围环境非常好。由于开发区基础设施的显著优势，过去乡镇企业成规模的都要向开放区集中，从根本上解决了"离土不离乡"，造成企业发展的局限和对农村的污染问题，而大量的园区企业资源和产品销售都是面对全国的，而非仅仅是区域的，企业向城市集中，也使得原有乡镇的一大财政支柱变得不那么牢靠了，尽管现在乡镇依然努力招商引资，但直接受益者已经不是乡镇了。乡镇现在有公共地域的，如边临镇还可以设立小型开发区与陵县或德州相呼应，但总的看，乡镇企业已经和本地农民就业的区域经济关系变得越来越淡了，一方面农村青壮年劳动力，尤其是男劳力，大多去城市谋求发展和就业；另一方面农村滞留了大量妇女、老人和儿童，由于农业机械化的普及，所有的农业活动都可以花钱雇用专业的队伍来完成，从种地、浇水、植保、打药、施肥、收割、打捆、运输每个环节都有专业人员来完成，使得农村劳动力依然富余，解决农村中年妇女再就业就成为农村一个不可忽视的重要问题。由于她们要养孩子基本出不去，有时间和精力在乡村工作，她们是乡村劳动力的宝贵财富，劳动力成本很低，若不能解决就业，她们天天在家就容易无事生非，因此，如何加快农村经济的发展以及如何妥善安排农村劳动力的就业和转移还是当前农村亟待解决的重要问题。此外，对乡镇财政的影响，农村取消农业税也带来重大冲击，使得当前乡镇政府几乎演变成一个支出机构，促使乡镇政府职能发生重大演变。

这次国情调研中，我们还专访了老镇长吕镇长，现任陵县人大副主任，而过去边临镇的肖书记英年早逝，李副镇长现在已经退休了，我们也见了现任的李镇长。两个月的调研期间，原来的乔书记已经调任进城，新的书记刚到。我们对县镇两级做了座谈，详细地了解了陵县和边临镇的变化，他们向我们做了情况介绍并提供了相关资料，热情地接待了我们，这里非常感谢他们的帮助。

本书是在收集大量第一手资料、经过多方访谈与田野调查、对统计数据和相关文件进行分析的基础上完成的。全书共分十四章，涉及边临镇的人口、自然地理状况、工农业经济发展状况、乡镇政府机构改革及其财税管理、全镇公共基础设施和社会保障、文化教育事业等情况，对边临镇的发展历程和状况进行了较为全面的反映，从多重视角客观展现了边临镇的真实状况。

老镇长吕镇长

现任的李镇长

二 本书构成

边临镇是一个历史悠久的古代镇居，是历史上有名的"四集六镇"之一，与德城庄的四女寺镇，平原的思城镇，河北的桑国镇齐名，是周围经济、文化中心和物资集散中心。本书第一章就对边临镇的自然地理、人口与经济发展等的基本概况予以了描述，内容涉及边临镇的历史沿革及地貌地质、土壤、气象条件等自然地理条件；并对全镇的农用土地面积及比例、人口与劳动力分布状况、农业劳动力比重以及农林牧渔业劳动力占乡村劳动力的比重进行了分析；另外，边临镇客观条件决定了其经济发展重点只有依靠农业资源并发展农副产品加工业和公共服务行业为主，据此本章还分析了改革开放以来，在农村经济体制改革的推动下，全镇依靠自身所具有的良好自然条件、农业资源以及优越的地理交通位置等优势，经济整体上取得长足发展的大致历程。

在对边临镇整体状况描述后，第二章专门介绍了全镇农业经济发展状况。本章首先概述了改革开放以来，在家庭联产承包责任制的推动下，边临镇农业经济发展的路径变迁和历程。主要分三个阶段——农业经济初始发展阶段、农业经济快速推进阶段、农业产业化阶段，予以了论述，见证了全镇农业经济结构经过调整，农业经济进入多种经营快速发展轨道的轨迹，并对当前边临镇的农村经济收入与农民净收入状况进行了分析；最后，本章介绍了边临镇农业发展强项——畜牧业发展以及蔬果大棚生产状况。

边临镇农副产品发展较好，农副产品加工业一直以来是边临镇的主要经济支柱，边临镇工业就以农副产品加工为主的乡镇企业为始端发展起来。第三章从边临镇乡镇企业的发展与改制以及民营经济发展的"四大工程"开始，对边临镇工业经济发展状况展开了论述；围绕边临镇以棉纺加工业为龙头产业，小城镇建设同发展民营经济相结合，培植特色产业，形成专业化生产的工业发展道路，介绍了边临镇的龙头产业——棉纺加工业和全镇"大上工业，上大工业"的工业发展主线，以及当前边临镇以木业加工业为主导的个体私营经济的发展状况，并在"三产重点抓工业、工业重点抓纺织、借助外力谋发展、搞好招商兴经济"的发展思路下，重点介绍了边临镇招商引资的举措与成果，最后通过描述全镇工业发展的一些经济指标，分析了当前边临镇工业发展的成果与不足。

第四章主要反映边临镇公共基础设施建设情况。本章分别对全镇的农业灌溉、井泉建设等农田水利基本建设以及全镇驻地城镇道路、村村通油路建设、公路沟清淤工程等公共交通和基础设施建设予以了介绍，此外，还描述了全镇集市商贸市场、蔬菜批发市场建设、通信与自来水工程建设以及敬老院和卫生院等农村公共事业方面的建设状况。

边临镇社会文化教育事业发展态势一直很好，早在1985年全镇学龄儿童入学率、巩固率、毕业率、普及率就分别达到了99%、98.5%、96%和95%，第五章就对边临镇如何来巩固、提高并实现"两基"目标，即基本普及九年制义务教育和基本扫除青壮年文盲的全镇教育事业目标展开论述。本章介绍了全镇教育投入状况与普及义务教育的举措以及边临镇如何规范教育工作管理，以推进全镇的素质教育和提高教学质量的基本情况，最后展示了边临镇"两基"工作开展的成果。

第六章介绍了边临镇的民政工作及帮助农民减负的基本状况。对于民政工作部分，本章围绕全镇的敬老院建设、计划生育工作和妇联工作等方面予以了介绍；对于农民减负问题，本章介绍了边临镇党委政府成立的农民减负领导小组以及组织工作；边临镇政府在农民负担减项减量上的四项具体措施以及镇政府坚持一手抓减轻负担，一手抓增产创收的"减负创收两手抓"的具体实施方案和实施成效。

机构冗员是我国各级政府的普遍现象，为了解决政府冗员的问题，早在90年代初，国务院就开始酝酿政府机构改革，边临镇政府早在1993年就加快了机构改革步伐，使党政机构由原来的34个合并为11个，原有的97名干部职工减少到46名，精简了53.1%，从1993年到2004年，边临镇政府一直在积极采取措施，探索机构改革的方案。第七章主要围绕边临镇近十年来如何实施机构改革的措施展开论述。总体来说，全镇机构改革可分为四个阶段：兴办经济服务实体为载体，合理分流机关富余人员，是1993年边临镇党政机关精兵简政的主要举措；1999年以后轮岗分流成为政府机构改革的主要方向；2002年后对于乡镇事业单位机构的人员，按照"脱钩、分类、放权、搞活"的基本思路，采取了成建制划转等11条途径进行分流；2004年在十年机构改革的基础上，又实施了新一轮深化机构改革和人员分流的方案，建立起基本符合乡镇特点的管理体制和运行机制。

由于乡镇一级政府财政独立，与上级财政分灶吃饭，人员工资都由乡镇自己负责，因此乡镇政府机构改革在很大程度上与农村税费改革、农村财务收入状况以及镇政府财务收支状况有密切关系，第八章就边临镇财税改革与管理状况做了简要介绍。首先介绍了边临镇"三取消、两调整、一改革"的农村税费改革办法和农业税的取消，继而探讨了全镇农村财务的"双代管"管理模式，最后是关于财政的"收支两条线"的政策。

边临镇农业经济与工业经济的蓬勃发展，为其城镇经济发展奠定了基础，第九章描述了边临镇小城镇建设的基本历程与成就。首先，介绍了全镇 80 年代的村镇建设与城镇建设状况；继而对 1999 年边临镇被陵县选为"中心镇"后的中心镇建设与成就做了一番介绍；最后较为详细地描述了在"中心镇"建设的推动下，边临镇政府确立的以现代化中心城镇为目标，逐步完善城镇服务功能，推进城乡一体化进程的小城镇建设内容。

在边临镇大举进行小城镇建设的同时，边临镇政府也积极统筹城乡经济，实施小康村建设，努力实践社会主义新农村建设，大力推动了以小康村建设为中心内容的新农村建设。第十章对边临镇的小康村建设进行了较为翔实的介绍。本章首先介绍了全镇小康村建设的总体目标与实施步骤，进而分别简介了小康村建设的重点示范村，即边一、前华、魏集、周庄、仁义店等村的基本情况，并重点介绍了新农村建设的典型村——仁义店与西魏村的状况，最后对新农村建设存在的问题与措施进行了简要分析。

第十一章专门介绍了边临镇新农村建设的典型村——仁义店的新农村建设状况。本章主要根据本课题负责人张平研究员与仁义店村书记王玉春的访谈记录，对仁义店的过去、现状和未来展望进行了描述。全章共分为四个部分，第一节是跨越十五年的畅聊，即张平研究员回忆与魏众研究员一起在边临镇挂职锻炼时，村书记王玉春对他们讲述的大量农村真实故事，从一些生活的侧面展现了农村的生活、经济和政治状况；第二节介绍了仁义店的历史和当前的经济生产方面的实际情况；第三节从仁义店的规划和基础设施建设情况，以及村精神文明状况三个方面，具体描述了仁义店的新农村建设内容；最后描述了仁义店村在新农村建设中遇到的一些麻烦，并展望了村未来的发展和转型问题。

第十二章探讨了边临镇村民代表会议制度的建设情况。村民代表会议制度建设是基层民主政治建设的基本内容，村民代表会议制度建设不仅可有效地增强农村基层民主管理，而且具体体现了农民当家做主的权利。本章首先从四个方面介绍了边临镇村民代表会议制度建设的部署情况，并在此基础上重点介绍了典型村——边临镇仁义店村的村民代表会议制度建设状况；进而对具体体现村民代表会议制度建设的村民委员会和村党委会的换届选举工作予以介绍，并分析了村"两委"换届选举工作的成效、问题与经验总结。

改革、发展与稳定三者是辩证统一的关系，边临镇政府在解放思想、大胆进行机构改革、财税改革，推动全镇工农业经济发展的同时，也一直未忽视农村社会稳定的维护工作。第十三章内容涉及此主题。引发农村稳定的苗头性问题与根源，在边临镇主要表现在计划生育、农村财务管理、干部作风等几个方面，而农民的不满主要通过信访来表达。对此，本章首先探讨了边临镇政府妥善解决信访问题的具体措施，并详细介绍了边临镇政府维护农村社会稳定的"突出一个主题，把握两个根本、狠抓三个环节"的"123"工程以及建立预警机制，以"专项斗争"为突破口，以"创安活动"为载体，以"机制创新"为动力，打造"平安边临镇"的具体措施。

第十四章是农民入户问卷调查报告及专题研究部分。在本次边临镇调研中，课题组深入农户走访，进行了农民入户问卷调查，并根据农户走访和入户问卷调查资料提供的素材，形成了本章内容——农民入户问卷调查报告及专题研究。本章共分为两个部分，一是关于对农民入户调查问卷的简要说明和农民入户问卷调查报告，部分反映出了村民自己的声音和对一些问题的感受；二是关于我国农村劳动力转移"推出效应"分析的专题研究。根据本次乡镇调查，课题组感受到农村劳动力转移仍是一个重大问题，经考察发现，尽管边临镇通过工业化与城镇化以及农民外出打工两条途径实现了农村劳动力转移，但农村劳动力转移问题仍任重道远。本专题根据考察中所感，借鉴推拉理论，在对其拓展和细化的基础上，重点分析了农民究竟是被"推出"或被"拉出"的理论问题，并主要从影响农民收入的五个方面分析了产生农村劳动力转移"推出效应"的根源，最后对"推出效应"的消解给出了简要的政策建议。

课题组负责人　张　平

第 一 章

边临镇自然地理、人口与
经济发展等基本概况

第一节 基本概况及历史沿革

山东省边临镇地处鲁西北平原，位于首都北京、港城天津、省会济南之间，紧靠有"京津门户、九达天衢"之称的德州市城区，距德州经济开发区、德州海关10公里，交通十分便利，是德州的中心镇之一。边临镇隶属德州陵县，位于陵县县城西北部，东靠官道孙乡，西靠袁桥乡，南与于集、土桥两乡接壤，北邻赵宅、惠王两乡。镇域南北长9.5公里，东西宽15.9公里，距县城城区16公里，全镇总面积76平方公里，其中耕地5.1万亩，镇区面积9平方公里。镇城内的主要河流为马颊河和旧马颊河，其中马颊河境内长度7.7公里；旧马颊河境内长度8.7公里，两河水利工程配套设施较为完整，旱能引水，涝能排水。

边临镇的地理位置优越，交通运输方便。德宁公路沿边临镇的四周而过，纵贯全镇，并与陵边路在镇政府驻地交会，是北部几乡到县城的必经之路，过境车辆人流往来不断，由此可直达天津、济南、德州、陵县、宁津等地。边临镇南到县城13公里，距德州市不足25公里，距德州经济技术开发区仅有10公里，京沪铁路、京福高速公路依境而过，京沪高速铁路、德烟铁路、德滨高速公路在境内穿过，314省道横贯全境，与104国道贯通，距京福高速公路12公里，距省会济南90公里，天津200公里，北京300公里，交通区位优势明显。

边临镇地理位置图

　　边临镇辖 68 个自然村，63 个行政村，按全镇土地划分为了五个管区，这五个管区分别是位集、南北辛、西华、边镇以及生金刘，包括军高、周庄、律王、西位、东位、东于架、西华、张明珠、寨门刘、前华、五间房、任义店、马才、史家庵、东华、芦屯、王吉口、西张（西华）、后华、后桐、边一、中纪、东张，王庄、邢庄、陈李、桥下李、西北辛、库庄、闫庄、西孙、部庄、北宋、贾庄、生金刘、前桐、夏庄、王连榜、陈庄、乔庄、花桥、孙连娥、胡案、王陈、西于架、马站、尤庄、王付、边二、边三、三官庙、洼李、北纪、西张（位集）、东小庄、侯庄、东张（西华）、孙胡同、中位、冯寨等村庄。近年来，在边临镇政府的带领下，全镇走上了"以农为本，强工富民"的道路，如农业有前华村的千亩冷棚示范区、仁义店的千亩良种繁育示范区；镇办工业达到了 10 处，限额企业达到了 3 家，村办企业 16 处，在发展上采取了镇办村办户办一起上的办法，形成了民营经济既顶天立地又铺天盖地的良好局面。

　　边临镇原名"桃庄"，明成化年间（1465—1488）因村南建有侯庄，两村连年纷争不息，按其"阴阳风水五行必克"的封建迷信，候（猴）酷好食桃，即食桃庄，其必被侯庄所克，而猴子以鞭子为最惧之，为忌"侯吃桃"不吉，避猴食而后兴故名曰"鞭花镇"，意为花起鞭子可镇住猴子，即克侯庄，久之，而称谓"鞭抡镇"，后谐音"边临镇"。这里早先佛道盛行，庙堂密布，坐落整齐，建筑幽雅，造型美观，细节精巧，镇周围墙矗立，设有门楼，墙外有盘龙河绕镇一周，跨河建桥十二座，虽然这些早已荡然无存，但亦可联想当时边临镇的景象是颇为壮观的，现存在本镇以南有一处。据说，三国时曹兵南征，在此路过，有名大将死后葬于此地，为久念之，故修筑一大宅子，人们以为此而保留之，经县有关单位鉴定为保护文物之一。边临镇是一个历史悠久的古代镇居，也是历史上有名的"四集六镇"之一，与德城庄的四女寺镇，平原的思城镇，河北的桑国镇齐名，是古代重要的驿站之一，也是周围经济、文化中心和物资集散中心，现保留有歇马石、落雁碑等历史文物，近几年全镇大力开发景点建设，千亩鱼塘，鱼藕并养，万亩林场，是休闲、度假的好去处。

早在清朝期间，边临镇已成为有名大镇，多次为地方行政治所。建国前后，边临镇行政管理发展也历经了三个阶段。1947 年被划为陵县边临镇区，同年 3 月，陵县县委增设边临镇区委，李新乔任书记。1948 年 8 月，李新乔调任抬头寺区委书记，副书记冯书法主持区委工作。1949 年 2 月，冯书法南下，由副书记牟世玉主持区委工作，区委机关驻边临镇街。此后，一直到 1950 年 7 月，副书记牟世玉提任区委书记任职到 1952 年 6 月，此为建国前后边临镇行政管理的第一阶段。

1953 年边临镇成立红星农业初级社，1957 年改为高级社，1958 年成立边临镇公社，同年 1 月建立边临镇乡党委，由郭长荣任书记，乡党委机关驻边临镇，管辖现在的于渠乡及袁桥乡的部分区域，此为建国前后边临镇行政管理的第二阶段。

1964 年至 1976 年为边临镇行政管理的第三阶段：其中 1965 年 1 月，全县调整公社规模，将原边临镇公社的部分村庄划归袁桥、于集和土桥公社，重新建立了边临镇人民公社党委，由耿风东任书记，时辖 61 个生产大队党支部，公社党委机关驻边临镇。"文化大革命"运动开始后，1967年 1 月由耿风东任书记的公社党委被"造反派"组织夺权。1969 年 12 月，又建立了边临镇公社革命委员会党的核心领导小组，并由耿风东任组长，机关驻边临镇街。

粉碎"四人帮"后，边临镇迎来了新的行政管理阶段。1976 年 10 月许洪军任公社党委书记，次年 10 月，许洪军调离后由徐贵盈接任公社党委书记。1980 年 12 月 28 日，边临镇公社召开了有 113 名代表参加的第四届党员代表大会，会议经过民主选举，产生了新的公社党委，徐贵盈当选为党委书记。

1984年4月，经省政府批准，撤销了边临镇公社，建立边临镇，并以县划经济小区为中心镇，服务于赵宅、赵虎、惠王三乡，为镇政府驻地。与此同时，成立了以庞文明任党委书记，魏富德、吕桂香、刘洪举等为副书记的边临镇党委，同年10月6日召开了中共边临镇第五届代表大会，镇党委机关驻边临镇。此后，边临镇进入了以镇为单位的经济建设时期。

第二节　自然条件

边临镇属于黄泛冲积平原，水利条件优越，属典型的暖湿带半干旱大陆季风气候，光热充足，境内地势具有高、坡、洼相间的特点，土体构造复杂多样。

一　地貌地质

边临镇境地处县境西北部，介于漳卫河与马河之间，属河漫滩高地。边临镇处于高地，纵坡大，排水畅通，淋溶作用强，矿化度为0.5—2克/升，境内多池塘，有的则与河沟相连，而东部区域则为低洼潮盐地，坡降平缓。综观全镇地貌，具有黄泛平原高、坡、洼相间，大平、小不平的特点，而复杂的微地貌类型，有利于农、林、牧、渔各业的发展。

二　土壤状况

边临镇区大致可分为两种土壤，即潮土和盐土，其中潮土又分为褐土化潮土和典型潮土。潮土是由于边临镇土壤的成土母质是黄泛冲击物，受地下潜水作用而形成的。而局部地段由于地下潜水位的下降，加上高温高湿的气候因素，淋溶作用加强，潮土土体中有明显的黏化层和假菌丝体出现，由此发展成褐土化潮土；由于人为因素或局部地形，河漫滩高地的均盐化，部分土壤成为典型潮土。潮土表层质地多为中壤，部分区域为轻壤，重壤、水、肥、气、热状况良好，潜水埋深一般1—3米，土壤耕层质地较好，淋溶作用强，适宜于各种农作物生长。除潮土外，边临镇区的东部洼地，由于地热低，承受马西高地各水渠的压力，潜力水位较高，在13米之间，矿化度为25克/升，土壤质地偏轻，毛管作用强烈，形成了大半盐土。由于盐土潜水埋深0.5—1.5米，矿化度5—10克/升，覆盖率低，蒸发量大，盐分大量积聚地表，耕层含盐量大于 0.6%，产量很低，通常被群众称为"老碱地"。在这三种土壤中，褐土化潮土主要分布于上崖缓岗地段，质地良好，土壤肥沃，生产潜力大，是最主要的粮、棉、果产区；典型潮土俗称小红土，适耕性较差，分布于岗洼间地之中；而盐土中含大量可溶性盐，通透性极差，又称盐碱荒地。

三　气象条件

边临镇地处华北大平原的东部，属于暖湿带半干旱大陆季风气候，历年最多风向为西南风，平均风速 3.7 米/秒，最大风速 24 米/秒，其次为东北风。边临镇光照充足，四季分明，冷、热、干、湿明显，平均气温一般在 20 摄氏度左右。春季多西南大风，气温回升快，蒸发量大，降水少，多干旱；夏季受东南季风控制，气温高，雨量大而集中，约占全年降水量的 70% 左右，炎热多雨；秋季地面辐射冷却加强，低空温度降低，大气层结构稳定，形成秋高气爽的天气，昼暖夜凉，温差加大；冬季受蒙古干冷气团的控制，多西北季风，天气干燥寒冷。全年初霜一般始于 10 月 18 日，终霜一般在次年 3 月 31 日结束，平均无霜期 202 天。全年日照 2679.9 小时。日照率为 60%，为边临镇创造了良好的光能资源与热量资源。此外，边临镇全年平均降水量在 600 毫米左右，而年蒸发量平均为 2000 毫米，蒸发量大于降水量的近 3.6 倍，湿润系数为 0.6。由于降水年际分配不均，雨热同期，雨水一般集中在夏季，七至八月份降雨量可占全年降水的 60%，春季只占 12%，秋季约占 15.5%。春季的干旱给小麦返青和春播造成困难，夏涝对棉花中期生长不利。因此，降水量不足，加之降水在时间、空间上分布的不均衡性，往往在作物生长期中的需水阶段显得短缺，所以对边临镇区域而言，发展水利事业是必不可少的，水利是当地农业的命脉。

四　水利条件

由于气象原因，边临镇虽降水不多，但全镇水资源还是比较丰富的：如马颊河及马颊河故道均由本镇的西南至东北方向穿境而过，新老马颊河在镇南部交汇，流域面积大，马才闸居本镇南部，上游蓄水给边临镇提供了有利的水源，杨象沟避雪店沟均流经本境，县位集杨水站设在本区的老马颊河的西岸，引黄条件较好，引水条件得天独厚，引水排涝工程配套较好。此外，边临镇地下水源丰富，地表水条件好，水利条件在全县居为上。得天独厚的水力优势，使得镇政府有条件按照以井保丰，以河补源的原则，大力发展井泉建设，到 1998 年，开机井 616 口，有效灌溉面积达 3100 公顷。

第三节 农用土地、人口与劳动力分布状况

边临镇从 1984 年由山东省批准为建制镇，至今已发展 20 多年，对于边临镇农田土地、人口与劳动力的整体发展状况，从三个时间段的数据可见一斑。1984 年，当时全镇 63 个自然村，6068 户，其中非农业 261 户，总人口 25065 人，其中非农业 815 人。自理口粮进镇务工经商的 54 户，110 人。占地总面积为 4.5 万亩，其中可利用面积 4.45 万亩，实际耕地面积为 4.3 万亩，人均耕地 1.7 亩。到一九九四年，总人口增长为 27168 人，6724 户，耕地增加到 4.9 万亩。而 2004 年底全镇总人口 2.8 万人，其中非农业人口 0.25 万人，男女性别比 100：103，人口出生率 11.09‰，人口自然增长率 6.6‰，少数民族 1024 人，全镇土地面积扩展为 4667 公顷，其中耕地 3103 公顷，人均占有耕地 1.8 亩。对于有关近十几年来边临镇农田土地、人口与劳动力的具体发展状况，可参见以下相关数据图表。

一 农用土地情况

为便于管理，边临镇将全镇土地划分为五个管区，即分别为：位集、南北辛、西华、边镇以及生金刘。这五个管区的耕地、园地、林地、草原等分布状况，从整体上再现了边临镇的农用土地状况（如表 1—1）。

表 1—1　　　　　　　　2006 年边临镇各管区农用土地面积　　　　　　单位：亩

管区	耕地	园地	林地	草原	水面	其他	合计
位集	8356		4000				12356
南北辛	9859	40	3200	30	10	30	13169
西华	10930						10930
边镇	7304						7304
生金刘	5945	933	3458	639	357		11332
合计	42394	973	10658	669	367	30	55091

由表1—1，边临镇最大的管区是南北辛，最小的是管区边镇，将上表具体分析，可得边临镇各管区农用土地面积及比例，如图1—1所示：

图1—1　2006年边临镇各管区农用土地面积及比例

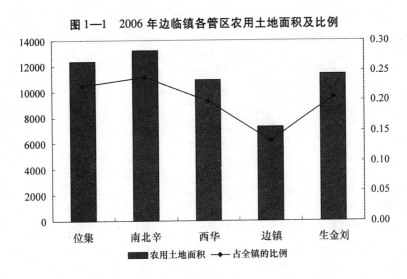

由图1—1可见，边临镇最大的管区南北辛，其农用土地面积占全镇约24%，最小的管区边镇占13.2%。另外，由表1—1也可看出全镇的农用土地的具体构成，如图1—2所示：

图1—2　2006年边临镇农用土地构成

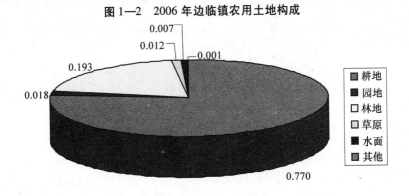

显然，边临镇农用土地主要是耕地，占整个农用土地的77%，其次为林地，占19.3%，两者总共占整个农用土地的97.3%，反映了边临镇以种植业为主，林业为辅的农业生产特征。

二 人口分布状况

近十几年来，边临镇人口数与户数增长，在整体上呈现农业人口下降、非农业人口上升的明显趋势。如表1—2，从1992年至2004年，农业人口下降1002人，而非农业人口上升1909人，其人口比重由0.051上升到0.118。

表1—2　　　　　　　　　　边临镇户数与人口　　　　　　　（单位：户、人）

年份	户数	总人口	农业人口	非农业人口	农业人口比重	非农业人口比重
1992	6722	26917	25547	1370	0.949	0.051
1993	6742	27224	25847	1377	0.949	0.051
1994	6724	27168	25621	1547	0.943	0.057
1995	6724	27339	25775	1564	0.943	0.057
1996	6757	27433	25865	1568	0.943	0.057
1997	6829	27526	25725	1801	0.935	0.065
1998	6841	27529	25708	1821	0.934	0.066
1999	6849	27532	25692	1840	0.933	0.067
2000	8594	27218	25332	1886	0.931	0.069
2001	8300	27555	25666	1889	0.931	0.069
2002	8685	27558	25641	1917	0.930	0.070
2003	8620	27597	24317	3280	0.881	0.119
2004	8678	27842	24545	3297	0.882	0.118

资料来源：陵县统计年鉴各年。

由表1—2，可看出边临镇人口数与户数增长状况有这些特点：一是全镇户数增加较快，12年间增加了1956户，平均每年增加163户；二是每户平均人员数的变动趋势逐渐向下，家庭结构正向小型化方向发展，1992年边临镇每户平均人员数约在4人左右，此后一直到1999年，在4人上下徘徊，到2000后，每户平均人员数降至3.2人左右。具体如图1—3所示；

三是全镇人口总数呈现波浪式增长，从1992年的26917人增加到1999年的27532人；到2000年，人口却减少到27218人，与当地的城镇化和农村劳动力转移密切相关；此后，又开始逐年自然上涨，2004年达27842人，具体人口演变情况如图1—4所示：

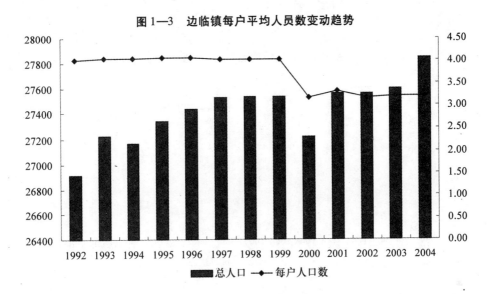

图1—3　边临镇每户平均人员数变动趋势

■总人口　◆—每户人口数

图1—4　边临镇人口演变趋势图

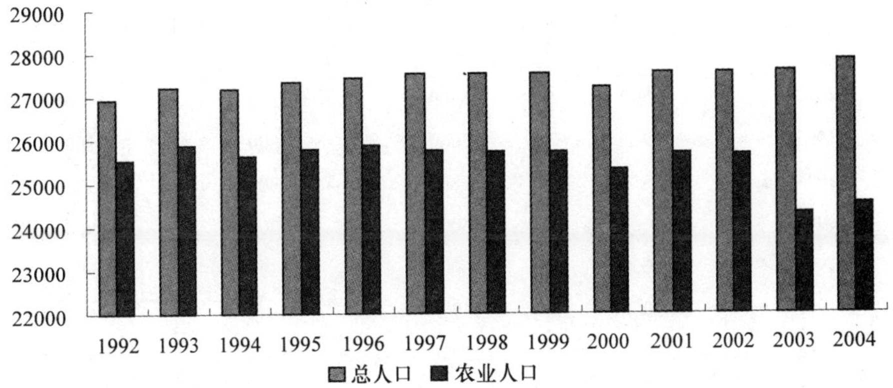

■总人口　农业人口

　　四是边临镇正在向农业人口迅速下降的趋势演变，尤其是2002年后，农业人口比重由1992年的94.9%下降到93.0%，此后两年迅速下降到88.1%，这是边临镇城镇化迅猛发展的直接成效（如图1—5所示）。

三　劳动力分布状况

　　边临镇正处于非农化的发展进程，农业人口比重处于下滑趋势，但乡村劳动力占乡村人口的比重却呈波动性变化态势，而从事农林牧渔业的劳动力比重下降趋势较为明显，乡村劳动力结构发生较大变迁，如表1—3

所示。

图1—5 边临镇农业人口比重变化趋势

——农业人口比重

表1—3		边临镇乡村人口和劳动力		单位：户、人
年份	乡村户数	乡村人口	乡村劳动力	其中：农林牧渔业劳动力
1992	6500	25300	9800	6900
1993	6720	27060	9800	6900
1994	6833	26832	9800	6900
1995	7000	26000	9800	6900
1996	7000	26000	9800	6900
1997	7000	24900	10300	7400
1998	7000	25000	10300	7500
1999	7000	25000	9632	7249
2000	7000	25000	9632	7249
2001	7000	25000	9632	7249
2002	7000	25000	10501	7249
2003	7000	25000	10501	7249
2004	7000	25000	10595	6836

资料来源：陵县统计年鉴各年。

由表可见，边临镇乡村户数自1995年以来，10年间一直未有较大变动，稳定在7000户左右；乡村人口曾逐年下降，但自1998年以来，也稳定在 25000 人左右；乡村劳动力变化则呈现波动性增长态势，而农林牧渔业劳动力 1992 年至 1996 年较为稳定，在 6900 人上下，1999 年至 2003 年稳定在 7249 人，20004 年下降到 6836 人，下降幅度达 5.7%，乡村劳动力结构变化，具体可见表 1—4。

表 1—4 边临镇乡村劳动力结构

年份	乡村劳动力/乡村人口	农林牧渔业劳动力/乡村劳动力	农林牧渔业劳动力/乡村人口
1992	0.387	0.704	0.273
1993	0.362	0.704	0.255
1994	0.365	0.704	0.257
1995	0.377	0.704	0.265
1996	0.377	0.704	0.265
1997	0.414	0.718	0.297
1998	0.412	0.728	0.300
1999	0.385	0.753	0.290
2000	0.385	0.753	0.290
2001	0.385	0.753	0.290
2002	0.420	0.690	0.290
2003	0.420	0.690	0.290
2004	0.424	0.645	0.273

为更直观地表明边临镇乡村劳动力以及从事农业的劳动力分布状况，根据表 1—3、1—4 可得图示。由图 1—6 看出，边临镇乡村劳动力占乡村人口的比重处于一种起伏波动的状态，由 1992 年的 38.7% 上升至 1997 年的 41.4%，1999 年后降至 38.5%，2002 年又上升到 42%，自 2004 年后，又似有继续上升的势头。而农林牧渔业劳动力占乡村劳动力的比重则自 1993 年的 25.5% 一直上升到 1998 年的 30% 左右后开始下降，自 2004 年又呈现明显下降趋势，如图 1—7 所示：

以上是从全镇视角，宏观观察边临镇劳动力的分布状况，以下我们将从边临镇划分的五个管区，来微观的了解边临镇的人口分布与劳动力分布状况，边临镇各管区农户数和人口数分布状况，如表 1—5 所示。

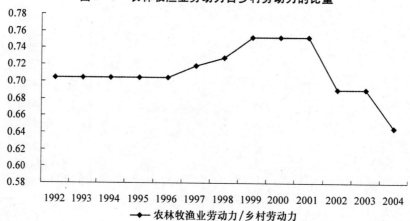

图1—6　乡村劳动力占乡村人口的比重

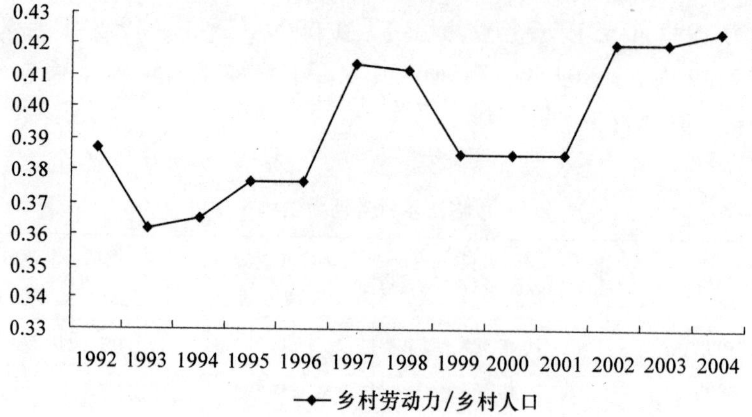

—◆—乡村劳动力/乡村人口

图1—7　农林牧渔业劳动力占乡村劳动力的比重

—◆—农林牧渔业劳动力/乡村劳动力

表1—5　　　　　　2006年边临镇各管区农户数和人口数　　　　　单位：人、户

	位集	南北辛	西华	边镇	生金刘	合计
村庄数	12	11	15	13	13	64
农户数	1169	1351	1372	1430	1662	6984
人口数	4327	4704	5513	5342	5946	25832
每户平均人口	3.701	3.482	4.018	3.736	3.578	3.699

由表可知，人口数最多的管区是生金刘，占总人口数的23％，最少的

是位集，只占 17%，具体各管区人口数比例可见图 1—8 所示；每户平均人口最高的是西华，户均超过 4 人，最少的是南北辛，户均不到 3.5 人；至于各管区农户数比例，最多的也是生金刘，占了总农户数的 24%，其次是南北辛，占 19%，具体如图 1—9 所示。

图 1—8　2006 年边临镇各管区人口数比例

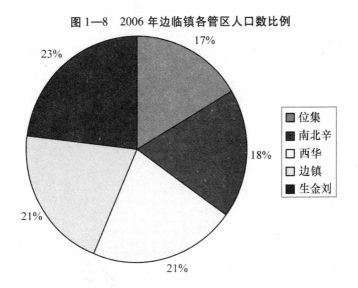

图 1—9　2006 年边临镇各管区农户数比例

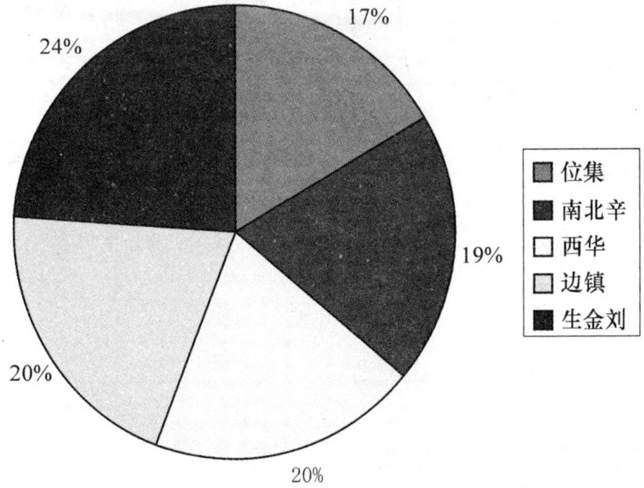

至于边临镇各管区农村劳动力的具体构成，即从事农业或非农业劳作的、外出打工的具体构成，则由表 1—6 可反映出来。

表1—6　　　　　　　　　2006年边临镇各管区农村劳动力构成　　　　　　单位：人

| 管区 | 从事家庭经营劳动力 | | 外出务工劳动力 | | | | |
| | | | 有组织输出劳动力 | | 常年外出务工劳动力 | | |
	总计	其中从事第一产业	有组织输出劳动力	经培训输出劳动力	乡外县内	县外省内	省外
位集	1224	1067	0	0	0	370	35
南北辛	1604	1100	115	136	17	86	71
西华	1665	1370	47	24	75	147	40
边镇	1200	902	100	30	22	500	247
生金刘	2149	2081	191	0	40	124	67
合计	7842	6520	453	190	154	1227	460

由表1—6可看出，生金刘管区，不仅人口数、农户数最多，而且从事家庭经营的劳动力和从事第一产业的人数也最多，反映了生金刘管区是全镇的典型农业管区；最少的是边镇，反映了边镇管区发展较快的特点，这从其外出务工劳动力，包括有组织输出劳动力比例最高可见一斑，达到42.8%，具体可参见表1—7，边临镇各管区农村劳动力比例构成。

表1—7　　　　　　　2006年边临镇各管区农村劳动力比例构成

	从事家庭经营劳动力	有组织输出劳动力	常年外出务工劳动力
位集	0.751	0.000	0.249
南北辛	0.791	0.124	0.086
西华	0.833	0.036	0.131
边镇	0.572	0.062	0.366
生金刘	0.836	0.074	0.090
合计	0.759	0.062	0.178

而对于各管区农村劳动力状况的比例关系，即从事家庭经营劳动力、有组织输出劳动力和常年外出务工劳动力三者状况可如图1—10直观表示。

图1—10 2006年边临镇各管区农村劳动力状况比例

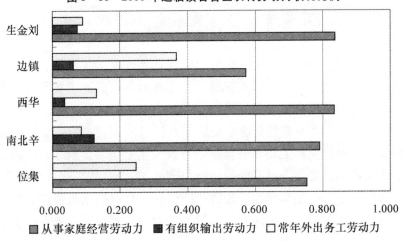

■ 从事家庭经营劳动力 ■ 有组织输出劳动力 □ 常年外出务工劳动力

由图可见，从从事家庭经营劳动力来看，生金刘最多，达83.6%；从组织劳动力外出来看，南北辛管区最好，占了12.4%，最极端的是位集管区，2006年竟无一人组织外出打工；而自发外出比例最高的是边镇管区，达36.6%，其次是位集，有24.9%。

另外，从各管区从事第一产业劳动力占总劳动力的比重，也可反映出以上各管区的经济发达程度，其中生金刘管区第一产业劳动力占总劳动力的比重超过80%，而边镇管区的比例只有43%，两者相差几乎一半；其次是南北辛管区占65.5%，具体可见图1—11。

图1—11 2006年各管区从事第一产业劳动力占总劳动力的比重

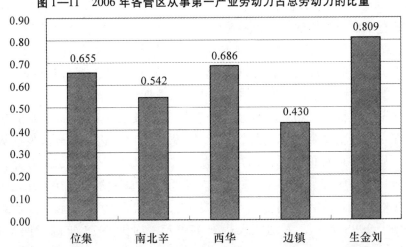

第四节 经济发展总体概况

自从十一届三中全会以来，在农村经济体制改革的推动下，边临镇自身所具有的良好自然条件、农业资源以及优越的地理交通位置等优势得到了充分发挥，经济取得了长足发展。

边临镇没有矿产及自然资源，决定了其经济发展重点只有依靠农业资源并以发展农副产品加工业和公共服务行业为主。边临镇粮棉产量高，是陵县的主要产棉区之一，即马颊河故道左侧的 52 个村庄，这里粮棉丰产，颇有声誉的万亩方，是旱涝保丰收的一个特例。良好的水力资源，使得马颊河故道的东岸部分是发展渔业、牧业的好地方，养鱼业发展在全县居于首位，发达的养殖业及畜牧业，为加工业提供了丰富的产品资源。

另外，边临镇农副产品、畜牧产品资源丰富，盛产小麦、玉米、棉花、大豆、蔬菜和水果，被誉为京津南菜园，是德州扒鸡、鲁西黄牛的养殖繁育基地，全镇牛存栏 2.3 万头，猪存栏 1.5 万头，羊存栏 3 万只，养殖水面达 3000 亩，而边临镇林业发展也较快，为建筑业及加工业提供了一定的资源。由于农副产品加工业是边临镇的主要经济支柱之一，其乡镇企业发展较早，早在 80 年代初，有些乡镇企业就与外地协作，生产出一些高难度产品，而其他如修配厂、副食加工厂等，亦均有发展，1984 年边临镇的工副业总产值就达 117.2 万元。

总之，边临镇全镇农业基础雄厚，工业发展势头迅猛，第三产业蓬勃发展，2003 年全镇实现国民生产总值 4.8 亿，工业以棉纺加工业为龙头产业，现有千台纺织机的陵县天一纺织有限公司，一万纱锭气流纺和一万纱锭环锭纺的天津一棉二分产，年加工 30 万担皮棉的裕丰油棉加工产等，工业年实现产值 2 亿元，利税 2000 万元等，经济整体发展势头可谓强劲，以下将就边临镇的经济发展总体历程作一简要回顾。

首先，在粮棉种植业、养殖业、畜牧业以及农副产品加工业的带动下，在农村经济体制改革的推动下，自 1978 年以来边临镇经济发展势头喜人。从经济增长值来看，1978 年边临镇工农业总产值为 320 万元，人均收入只有 108 元，到了 1982 年工农业总产值就发展到 1100 万元，增长 3.5 倍，人均收入达到了 427 元，增长 3.5 倍到 1985 年底工农业总产值达到了 2998 万元，人均收入达到 479 元，均比 1978 年翻了两番多。

从住宅建设上看，边临镇驻地 1978 年住宅总面积 1.9344 万平方米，其中土坯房就有 1.8504 万平方米，占 96%，砖木结构的只有 840 平方米，仅占 4%，到了 1982 年住宅总面积发展到 2.5687 万平方米，而土坯房的比例却下降到 91.7%，到了 1985 年面积比 1978 年增长了一倍多，达到了 4 万平方米，其中砖瓦房达到了 1.6996 万平方米，占总面积的 43%，仅仅三五年时间，总面积增长一倍多，砖瓦房增长 20 倍，土坯房不但没有增加，反而比 1978 年减少了 768 平方米。同时公共建筑和生产建筑总面积也都比 1978 年增长一倍多。

其次，进入 90 年代后，尤其在 1994 年以后，边临镇经济发展迈上了一个新的高增长台阶。从 1985 年至 1994 年的 10 年时间内，全镇经济总收入近翻一番，达 5780 万元，财政收入 110 万元，人均纯收入 1330 元。而 1995 年经济总收入则飞涨到 7518 万元，财政收入 160 万元，人均纯收入 1744 元，分别比上年增长 30.1%、45.5% 和 31.1%，部分群众生活达到了小康水平；全镇完成农村社会总产值 7 亿元，5 年间平均增长 21%。其中农业总产值 0.55 亿元；企业总产值 3.9 亿元；分别比 1990 年增长 98% 和 213%，5 年累计向国家交售粮食 1.2 亿公斤，贡献皮棉 8 万担，多种经营总收入达 1.5 亿元，比 1990 年增长 135%。镇属企业生产由于强化了管理，加大了吸引外联力度，产值逐年稳步增长，达到 1.5 亿元，实现利税 600 万元，分别比 1990 年增长 210% 和 195%；与此同时，第三产业有了突飞猛进的发展，1995 年第三产业增加值达到 3000 万元，比 1990 年增长 171%，集贸市场流通日益繁荣活跃，人民生活水平逐步提高。

到 1998 年，边临镇多项经济指标都已在全县位居前列，社会总产值已高达 3.8 亿元，位于全县前位，其中第二产业 1.8 亿元，产业 0.3 亿元，人均收入 14615 元，农民人均收入 2260 元；全年完成财政收入 335 万元，居全县前茅；农产品总量 42000 吨，人均占有 1700 公斤，居全县前列。与此同时，全镇经济发展可谓遍地开花，工商企业蓬勃发展，建成了 75 个企业，产值达 1.94 亿元，其中边临镇纺纱厂、建筑公司、前华天校毛毯厂成为边临镇的龙头企业，主要产品有棉纱，坯布"大将军"牌军绿色毛毯。而以蔬菜、畜牧、水产、林业为主的四大主导产业，初具规模，全镇蔬菜面积达到 1 万亩，产量 2 万吨，大牲畜 1.2 万头，水产面积 3000 亩，总产量 4500 吨。全镇市场建设步伐不断加快，建成各类商品市场 15 处，其中镇环路市场集商品零售、综合批发于一体，形成较大规模，年商品交易额 500 万元。

在镇政府的不断推动下，为实现工业电气化、农业机械化，全镇全部实现了村村通电，提高了技术装备水平，机耕率达 100%，机收规模达 87% 以上。同时，内引外联也取得长足发展，先后引进项目 11 个，资金超过 1000 万元，主要有：前华再生线厂与浙江省苍南速纺机械厂合作，共同投资 500 万元，引进元梭毛毯项目，年生产"大将军"牌军绿色毛毯 55 万条，实现产值 2600 万元，镇纺纱厂与天津一棉合作组建天津一棉陵县二分厂，年产各类坯布 4003 米，产值实现 1500 万元，引进人才 5 名，有效地加快了"科教兴镇"的步伐，初步形成棉纱、粗加工、粉皮、建筑、运输等多项主导产业。到 1999 年全镇实现工农业总产值 4.5 亿元，其中：工业产值 2.4 亿元，农业产值 1.6 亿元，财政收入 410 万元，农民人均纯收入 2760 元，年末人口自然增长率控制在 5% 以内。

最后，进入 21 世纪，边临镇已发展成为陵县一个综合经济实力较强的乡镇，推行小城镇建设成为全镇经济发展的新重点，在短短几年内取得了突飞猛进的进展，2002 年全镇实现了村村通油路和电话互联网，电信、邮政部门齐全，为外地客商参观、联系业务提供了有利的保障，也使得招商引资、城镇道路建筑建设、办开发区等事业进行得如火如荼，仅 2004 年就投资 420 万元，建起了四处住宅楼；投资 634.84 万元，建起了三处商业区、一处宾馆和一处旅馆，投资 1053.78 万元，进行了电力、电讯的增容和大街、排水道的建设等。而新开发的德东中小项目区，则紧紧围绕德州市开发区大工业群，以大经济圈为依托，区域用地东西长 960—1020 米、南北宽 871 米，用地面积 96 公顷。在小城镇建设的推动下，2004 年全镇国内生产总值增长到 5.2 亿元，其中第一产业 2.55 亿元，第二产业 2.08 亿元，第三产业 0.57 亿元；财政收入 1560 万元；人均纯收入翻番已达 4000 元。当前，边临镇正计划开发包括生活区、生产区、餐饮旅游区在内的、占地面积达 2000 亩的开发区；园区内实行了扎口式管理，一个窗口对外，设立专门的服务机构，以热情、周到、优质、高效的服务用于引商、安商、留商。

与此同时，环保、邮电、贸易、教育等各项事业也有长足发展，从城建环保来看，城镇基本建设投资 5308 万元，完成更新改造投资 1100 万元，建筑业总产值 1835 万元，实现利税 210 万元。房屋建筑竣工面积 11.4 万平方米。全年污染防治总投资 51 万元；从交通邮电来看，邮政业务总量 32 万元，电信业务总量 182 万元，农话 0.47 万户。公路通车里程76 公里。农用机械 62715 马力，其中汽车 135 辆；从贸易旅游来看，城乡集贸交易市场建成 6 个，商品成交额 305 万元，进出口总额 318 万美元，其中出口总值 210 万美元，合同利用外资 1320 万美元，实际利用外资1125 万美元，批准外商投资企业 2 家，旅游业年内接待国外客人 1120 人次，国内客人 7300 人次，实现旅游收入 85 万元；从科教文卫事业来看，全镇各级各类学校有 12 所，在校生 0.18 万人，其中义务教育学段在校生0.18 万人，教职工 200 人，其中任教教师 199 人。五项科技成果获市（地）级以上奖励，文化体育场所 8 处。医院 1 处，床位 20 张，卫生技术人员 59 人。

自 1984 年建镇以来，经过二十多年的发展，边临镇正在迈开城镇化步伐，经济发展已颇具规模。当前，边临镇已成为陵县乃至德州市的经济强镇之一。

边临镇区域位置图

边临镇城镇体系等级空间结构规划图

边临镇镇域村庄及经济基础现状图

边临镇城镇体系基础设施规划图

边临镇城镇体系规模职能规划图

边临镇道路绿化规划图

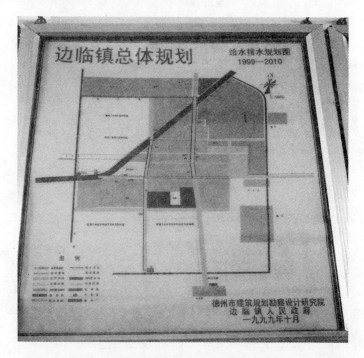

边临镇给水排水规划图

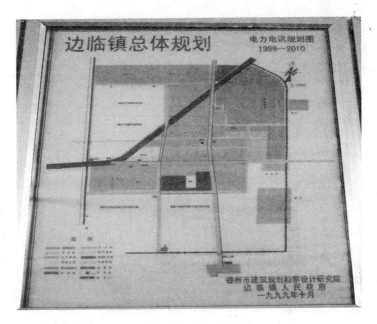

边临镇电力电讯规划图

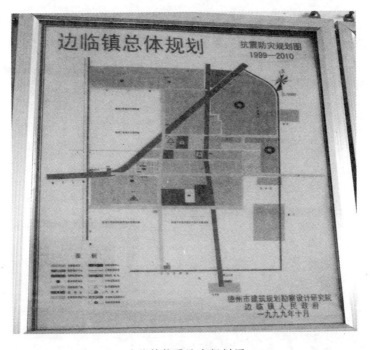

边临镇抗震防灾规划图

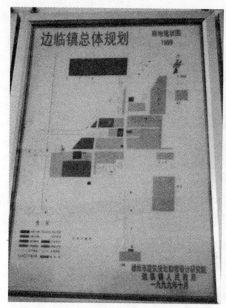

边临镇用地现状与用地规划图

第 二 章

边临镇农业经济发展状况

以 1978 年党的十一届三中全会为界，中国农地制度变迁进入了一个新的发展阶段。我国农村变革了前 20 年人民公社的历史，跨越了土地政策带有浓厚的人民公社色彩的时期，全面解体了人民公社"三级所有，队为基础"的经营制度，进入改革开放时期家庭联产承包责任制的历史，这一时期的土地政策以土地承包为特征，实行了以"包产到户、包干到户"为标志的家庭经营体制，统分结合，双层经营，在一定程度上既发挥了集体统一经营的优越性，又调动了农民生产积极性。党的十一届三中全会以后，在党中央的积极支持和大力倡导下，家庭联产承包责任制逐步在全国推开，到 1983 年初，全国农村已有93%的生产队实行了责任制。在这一制度变革的大背景下，边临镇农业发展不断取得突破，成效显著。

第一节 农业经济发展路径的变迁

在改革浪潮的推动下，1984 年经山东省府批准，边临镇也由 1958 年成立的边临镇公社变为边临镇，实行了家庭联产承包责任制，并开始以建制镇形式迈上了经济发展之路。从 1984 年至今，边临镇走过了二十多年的发展道路，为便于总体上把握这段历程，本章将其分为三个阶段，即分别以 1984 年为起点、以 1995 年为起点以及以 2004 年为起点，从历史演变的视角来了解边临镇农业经济发展路径的变迁。

一　农业经济初始发展阶段

从 1978 年到 1984 年建制边临镇，经过 6 年的改革、调整与发展，边临镇农业收入水平大幅提高，农业总收入从 1978 年的 320 万元增长到 1981.2 万元，农民人均收入从 1978 年的 108 元增长到 504 元；农业生产结构趋向合理，在 1984 年总收入 1981.2 万元中，粮年收入占 24%，棉花占 34%，林牧渔业多种经营收入占 38.5%，形成了粮棉占近 60%，多种经营占近 40% 的农业生产结构，呈现粮棉生产为主，附以林、牧、渔、副的发展道路。

以家庭联产承包责任制为特点的农村经济体制改革，为边临镇经济发展注入了新的活力，而边临建制镇的成立，新一届镇党委、镇政府的成立则为整合与引导这股活力创造了条件。1984 年 4 月，原边临镇公社党委撤销，10 月成立了庞文明担任党委书记，魏富德、吕桂香、刘洪举等为副书记的边临镇党委，在新一届镇党委领导下，边临镇经济发展又迈上了一个新的台阶。1985 年边临镇农业总收入达到 1998 万元，比 1984 年增长 2%，镇办企业收入达 1000 万元，比 1984 年增加 57 万元，增长 125%，工农业总收入达 1000 万元，比 1984 年增加 57 万元，增长 125%，工农业总收入达 2998 万元，工农业产值增加 598 万元，增长 24.9%。经济形势表现喜人，与 1984 年相比突出表现在两个方面有较大进步：

首先，棉花调减但总收入不减，1984 年全镇棉花总产 1000 担，收入 682 万元，占农业收入的 34%，1985 年全镇种棉田 21000 亩，总产 33000 担，收入减少到 480 万元，但由于粮年收入增加 63 万元，多种经营收入增加 180 万元，不仅弥补了棉花减少的收入，而且还使农业总收入增加 341 万元，增长 2%。另外，全镇还种玉米 23000 亩，总产 1000 万斤，并适当种了大豆、谷子、地瓜和小杂粮，全年粮食总产 3200 万斤。

其次，农业生产结构更趋合理，1984 年总收入 1981.2 万元，粮年收入占 24%，棉花占 34%，林牧渔业多种经营收入占 38.5%，1985 年粮年收入占 25.9%，棉花收入占 24%，多种经营收入占 50%，在多种经营中，全镇大牲畜存栏量 7000 头，生猪存栏量 9000 头，家禽饲养量 11000 只，羊存栏量 7000 只，畜牧业总产值 420 万元，全镇农作物 15000 亩，林网面积 3590 亩，各种果树 2300 亩。与 1984 年粮棉占近 60%，多种经营占近 40% 的农业生产结构相比，仅一年时间，1985 年就形成了粮棉各占四分之一，多种经营占二分之一的农业生产结构，边临镇农业生产结构由以粮棉为主，逐步走向农林牧副全面发展的路子。

边临镇建制镇成立后，在初始阶段，尽管农业经济发展形势良好，但发展进程中同样存在一些问题，重点表现在三个方面：

一是总收入增加，农民的纯收入减少，尽管农业收入比去年增收 41 万元，但由于粮棉收入减少 12.2%，农副业和多种经营只增收 21%，而工副业和多种经营成本高，利润比粮棉低，故农民收入比去年每人减少 28 元，比去年减少 5.3%。

二是自然资源没有充分利用，农业生产结构有待进一步合理化。从整体来看，1985 年粮棉收入所占比数下降，多种经营总产上升，多种经营中是扩种了经济作物和发展畜牧业，而林业水产业收入占比数仅占总收入的 4.7% 和 1.4%，与边临镇的地质、水利条件优越的自然条件不太相称，大力发展林渔业仍有相当空间，农业生产结构还有待进一步调整。而且当时棉花调减，很多农户不了解调减棉花的新情况，找不到增加经济收入的新来源，大约有 15% 的农户因压缩棉花而减少了收入，相当多农民暂时还找不到增补棉花收入减少的途径。

三是收入不平衡，贫富差距呈现拉大倾向。当时，全镇收入较高的农户一般在人均 800 元到 1000 元，而占总户数的 10% 左右的农户收入，收入低到仅有 100 元左右。

显然，在边临镇建制镇成立的初始阶段，可以看出以上这些成绩与问题主要来自于农业经济结构调整过程中催生的动力与结构调整还不到位，表明了依靠农业经济结构调整与发展多种经营是全镇经济发展的方向，在结构调整中实现持续发展与共同富裕，是全镇经济发展的道路。边临镇党委、政府明确了这一认识，针对农民比较重视种植业，忽视多种经营的经营习惯，在保证基本粮棉种植基础上，重点抓林、牧、水产业的生产，并以此带动加工业和第三产业的发展。至 1986 年农田结构调整为粮田 2.5 万亩，棉田 1.9 万亩，瓜芽 3000 亩，果树 2500 亩，油料作物（包括果园间作）2000 亩，实现粮食总产 3200 万斤，皮棉 3.3 万担，工农业总收入 3300 万元，比 1985 年增加 6.4%，其中：粮棉收入 1200 万元，增加 20%，多种经营收入 1100 万元，增加 10%，镇办企业收入 1000 万元，不增不减。到 1987 年在保证粮田 2.5 万亩，棉田 1.9 万亩，瓜芽 3000 亩，油料作物（包括果树间作）2000 亩不变的基础上，果林增加 500 亩，达 3000 亩，实现粮食总产 3300 万斤，皮棉 3.3 万担，工农业总收 3500 万元，比1986年增加6%，其中，皮棉收入1250万元，增长4%，多种经营1200万元，增长8%，民办企业收入1050万元，增长5%。至此，在边临镇建镇初始阶段，全镇明确了农业发展的道路并取得初步成效，在农业经济结构不断调整的基础上实现经济增长与发展，也成为全镇经济发展的指南。

二　农业经济快速推进阶段

经过10年的农业经济结构调整，1995年边临镇农业经济进入了多种经营快速发展的轨道。1995年，边临镇党委、政府提出"以科技为先导，以市场为中心，产业化推进，全方位发展"的指导思想，在培植"122"（即1万亩菜、2万亩果、2万头牛）三项支柱产业工程上努力下工夫，使各项产业都有了突破性进展。

首先，以冬季农业为重点，万亩瓜菜园工程初见成效。1995年，全镇发展甘蓝3000亩、圆葱4500亩、大蒜3000亩。特别是新、奇、特品种栽培育有了新突破。如大棚哈尼草莓、美国蜜瓜相继在边临镇落户，棚均效益都在8000元以上，取得了可观的经济效益，使边临镇成为京津南菜园、山东北菜园的重要组成部分。

其次，以嫁接改造、优化果品质量为重点，聘请德州市高级农艺师于建国担任分管林果生产的科技副镇长，先后举办果树现场管理培训班81期，培训果农4000多人次，嫁接改造老果园8000亩，进入盛果期的1万亩果园平均单产增长200公斤以上，林果会战可谓战果辉煌。在此基础上，边临镇独特的"皇宫"贡品大果杏3000亩基地建设开发，也取得相当显著的效果。

其三，以黄牛改良为重点，畜牧业生产有了新突破。边临镇党委、政府重点抓了南北辛、桥下李、三官庙等5个养牛小区，使10头以上的养牛大户达到30个，30头以上的大户达到2家。东华村付秀芝一人养牛达到34头。全镇黄牛存栏量达到2万头，使全镇在1995年度被评为山东省畜牧业生产强乡镇。

在快速推进多种经营的同时，边临镇并未忽略保证农业稳定的基础，即粮、棉生产的基础，1995年全镇采取了一系列科技兴农措施确保粮棉生产的稳定。

首先，下大气力抓好科技队伍建设，开办技术讲座、现场技术培训的方式，努力提高现有科技人员的整体素质，并采取传、帮、带的形式，发展壮大科技队伍，使当时边临镇的 240 名科技队伍发展到 700 人；建立健全科技服务体系，建立镇农技服务中心，建立 5—7 人的管区科技服务指导小组，各村建立 3—5 人的科技服务队，每 10 个农户建立一个科技带头户，使科技服务体系成为上下贯通、左右呼应、覆盖全镇的采购整体；积极争取科研单位的支持，并与地区农科所签订了棉田技术承包合同，使每亩棉田节约成本 30—50 元，籽棉单产保证在 400 斤左右。

其次，分流 4 名机关人员，成立植保公司。对棉田统一搞好虫情测报，统一供药，以管区或村为单位成立植保服务队，配备"18"机，实行统一时间防治。同时分流 4 名机关人员成立种子公司，搞好良种繁育和统一供种，搞好农作物布局，建立健全全方位的科技推广体系。

其三，投资 8 万元，增建南北辛扬水站，解决南北辛管区浇水难问题，并动员部分有条件的村庄，开挖地下水源逐步实现"以井保丰，以河补源"的目标。搞好农田水利基本建设，为边临镇粮棉生产的稳定创造了条件。在镇党委、政府的大力推动下，1995 年边镇粮食有效面积保证在 3.2 万亩左右，总产实现 5000 万斤，棉花面积确保 2.8 万亩，总产保证 2.8 万担，稳定了农业基础。

1995 年正是我国大力推进社会主义市场经济的年头，科技正在成为农业发展的第一推动力，走科技兴农的道路是这一阶段我国农业发展的显著特征。边临镇农业发展紧跟了这一时代潮流，而全镇农业多种经营的特色，决定了其不仅在粮棉生产方面，而且在畜牧渔业、林果、蔬菜、养殖业等领域更是采取具体措施实行了科技兴农，取得了显著收益。

1. 畜牧渔业

边临镇以畜牧站为中心，建立了畜禽渔业公司，为全镇畜牧渔业的发展提供良种、技术、防疫等方面的一条龙服务，确保畜牧渔业的健康协调发展。同时，积极搞好青贮氨化工作，发展简易青贮池 2000 个，氨化池 1000 个，种植黑麦草 5000 亩，为科技兴牧打下基础，为畜牧渔业抓好技术服务工作，使得 1995 年边临镇大牲畜饲养量达到 3 万头，其中存栏 1.5 万头，出栏 1.5 万头，总收入实现 2000 万元，羊饲养量达到 3 万只，总收入 300 万元。家禽发展到 50 万只，总收入 300 万元。另外，在渔业发展上，一方面积极改造废旧坑塘，不断扩大水面面积，一方面推广鱼、鸭立体混养技术，以提高水面作出率，抓好立体喂养，提高经济效益。

2. 林果生产

聘请地区林果专家担任边临镇林果生产顾问，举办现场技术培训班提高农户种植技能，搞好林果生产的整体布局，对现有成果搞好倾干嫁接，对老化品种进行更新换代，提高老果园的质量，增加经济效益，并加强新建的 3000 亩梨园的管理，缩短产量周期。与此同时，发展 2000 亩的小杂果。此外，边临镇政府还分流 6 名机关干部成立林果公司，全力为群众解决销售问题，使得 1995 年边镇林果面积发展到 1.5 万亩，其中成果树8000 棵，总产实现 8000 万斤，总收入达 4500 万元。

3. 蔬菜生产

边临镇的蔬菜生产，贯彻蔬菜生产向科技要效益，产出要以市场为导向的产销理念，大力抓好大棚菜、弓棚菜的品种结构调整，以重点抓冬季黄瓜、辣椒等精细菜的发展，促使大田菜主要向间作方向发展。与此同时，边临镇政府还分流 3 名机关人员成立蔬菜公司，具体负责面积落实、种植改革、日常技术服务等项工作，使得 1995 年边镇大棚菜发展到 1200 个，总收入实现 1440 万元，弓棚菜发展到 2000 亩，总收入达 1000 万元，大田菜发展到 1 万亩（包括间作），总收入达 2000 万元，取得了显著的经济效益。

4. 大棚养猪，发展生态养殖业

利用鸡粪喂养大棚猪，形成鸡粪喂猪，鸡产粪、粪肥田、田增产的良性循环，是边临镇力推发展生态养殖业的新举措。1995 年，镇政府借鉴西宋村农民纪秀春利用鸡粪喂猪，鸡产粪、粪肥田、田增产的良性循环的生态养殖业技术经验，并以她为核心，搞技术辐射，使得全镇发展大棚养鸡、养猪户 800 个，规模分别在 500 只、20 头以上。并在每个管区建立1—2 个大棚养鸡、养猪小区，每个小区不少于 10 个大棚，使大棚养鸡、养猪成为边临镇的一大特色。在大棚养鸡、养猪的带动下，1995 年全镇鸡饲养量达到 50 万只以上，生猪存栏量 3 万头以上。

5. 副产品的深层加工

农副产品深层加工具有投资少、见效快、效益高的特点，一家一户都可以搞。1995 年边临镇党委、政府重点强调农副产品增值，突出抓产前、产中、产后系列化服务。在产前，主要抓好原供应，派出人员到菏泽等地联系购进内地紧缺的大豆、芝麻等；产中办加工培训班，培训 1500 名技术人员，确保生产；产后抓好销售服务，努力为群众解决销售问题，全年粉皮加工户达到 1200 个，产值 4000 万元；豆腐、豆腐皮、香油加工户 600 个，产值

700万元，草编、柳编、条编户达到500个，产值1500万元。

三　农业经济蓬勃发展及农业产业化阶段

在多种经营的推动下，到20世纪末，边临镇多项经济指标都已在全县位居前列，发展成为陵县一个综合经济实力较强的乡镇。随着城镇经济的迅速发展，边临镇城镇建设也步入了快车道。在这大好形势下，镇党委政府开始致力于改革创新，充分认识到小城镇建设对推动边临镇经济发展的重要意义，按照城市化的要求，大力推进了城镇建设，促使城镇上规模、上档次、上水平。此时，边临镇经济发展已进入了一个全新时期，推行小城镇建设，加快中心镇建设步伐，已成为全镇经济发展的新重点。

边临镇大力推进城镇建设，是建立在农业和农村经济蓬勃发展基础上的，同时多种经营的农村经济特色也为边临镇推进城镇建设创造了良好条件。

首先，边临镇一直保持着良好的农业生产，粮食作物播种面积、总产量与单产也一直维持在合适的比例水平。从1992年到2004年，虽然粮食播种面积从44900亩降到42600亩，但粮食单产却从383公斤上升到485公斤，维持着粮食总产量的规模，具体可参看表2—1。

表2—1　　　　　　　　　边临镇粮食作物播种面积和产量

年份	播种面积（亩）	单产（公斤）	总产（吨）
1992	44900	343	15397
1993	66300	352	23368
1994	62700	393	24626
1995	61900	380	23522
1996	64000	387	24805
1997	62700	417	26141
1998	59120	424	25042
1999	54100	456	24660
2000	51700	410	21190
2001	42600	417	17783
2002	53880	372	20050
2003	47080	474	22336
2004	42600	485	20670

　　由表2—1可见，边临镇粮食播种面积虽逐渐下降，从最高1996年的6.4万亩下降到2004年的4.26万亩，下降了33.4%，总产量虽也下降，但下降幅度只有16.7%，如图2—1所示。

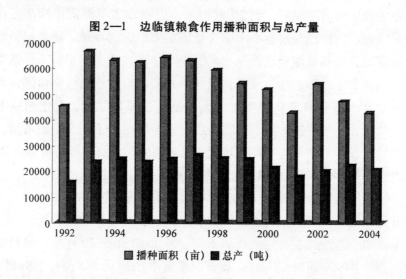

图2—1　边临镇粮食作用播种面积与总产量

　　由图可见，粮食播种面积虽逐年下降，但总产却呈现波动状态，这主要在于粮食单产量在农业科技推广下，有较大幅度提高，如图2—2所示。

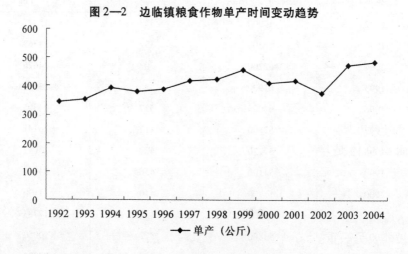

图2—2　边临镇粮食作物单产时间变动趋势

　　显然，边临镇粮食单产量，除2002年因为特殊原因有所下降外，整体趋势是逐年增长，从 1992 年至 2004 年，12 年间由 383 公斤上升到 485 公斤，增长了 41.4%。

边临镇的粮食主要作物是小麦与玉米，在近十几年来的粮食作物结构调整中，两种主要粮食的播种面积与产量比例也发生明显变化，两者相比，无论是播种面积还是总产量、单产，玉米生产都呈现快速上升势头，如表 2—2 所示。

表 2—2　　　　　　　　　　边临镇主要粮食作物播种面积与产量

年份	播种面积	小麦单产	总产	播种面积	玉米单产	总产
1992	29000	393	11397	12100	292	3530
1993	35000	343	12000	20000	400	8000
1994	30000	414	12426	18000	481	8665
1995	32000	392	12540	18000	487	8772
1996	32000	411	13160	29500	359	10587
1997	32000	425	13600	22000	375	8250
1998	31000	405	12555	21000	500	10500
1999	30000	410	12300	21000	500	10500
2000	30000	350	10500	19000	500	9500
2001	25000	400	10000	15000	400	6000
2002	28000	346	9682	22480	350	7868
2003	24480	450	11016	21000	500	10500
2004	21000	450	9450	21000	500	10500

由表可见，边临镇的小麦播种面积十几年来减少了 8000 亩，玉米播种面积总体是增加的，2004 年两者之和少于最高的 1996 年，总面积 19500 亩；而小麦总产量明显下降，玉米总产量则呈上升势头，体现了边临镇在粮食种植结构上的一种调整，具体可图 2—3 所示：

边临镇小麦和玉米总产量比例关系的变化，除了在种植面积上的此消彼长外，另一重要原因在于单产量玉米比小麦有长足的提升，与 1992 年相比，2004 年小麦单产提升了 57 公斤，而玉米则提升 208 公斤，后者是前者的 3.7 倍，两者单产变化趋势可参见图 2—4。

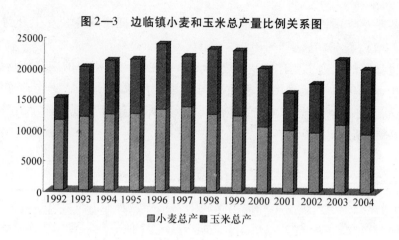

图2—3　边临镇小麦和玉米总产量比例关系图

图2—4　边临镇小麦和玉米单产比较

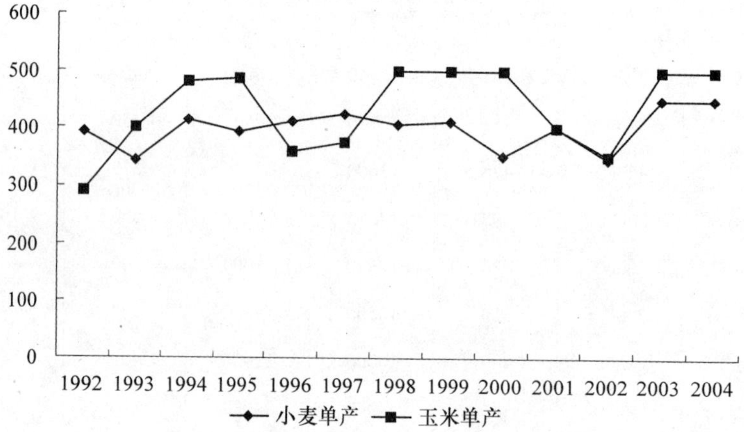

　　总体来说，边临镇在粮食播种方面，呈现粮食种植面积下降、两种主要粮食作物结构调整以及科技投入增加单产的特征，粮食总产基本能维持在一个合适的水平上。

　　其次，除粮食生产外，各项副业生产也取得可喜成绩。20世纪末边临镇已形成了以蔬菜、水果、畜牧、水产为主导的四大产业，全镇蔬菜面积现已达到1.5万亩，果树面积达到6000亩，水产开发面积3000亩，大牲畜存栏量达到35000头，蛋鸡38万只，这一切为边临镇农业发展及加快城镇建设奠定了雄厚的基础。由于农业经济结构合理，经济发展势头良好，进入新世纪，边临镇经济结构调整的内容也就由先前以农业内容为主的结构调整开始进入到第一、二、三产业之间的结构调整。截止到2004

年 11 月份，全镇第一、二、三产业的比例为 5：2：3，本着"压缩第一产业，大力发展第二、三产业"的原则，目前，全镇第一、二、三产业的比例正向 3：3：4 发展。三次产业结构的调整，并非建立在人为压缩第一产业而是在推进农业产业化经营基础上的，边临镇政府为此做了大量工作，采取了如下具体措施：

①大力发展蔬菜生产，重点抓好两个生产片的蔬菜生产：即以前华为中心的天津式冷棚生产片和以西宋为中心的大田菜生产片，促使全镇蔬菜面积达到 8000 亩。

②大力发展速生杨生产，把速生杨种植作为实现农业产业化的一项主要内容，重点抓好"一线两片"：即"314 省道线两侧和位集管区、南北辛管区两个生产片"，使全镇速生杨面积达到 1.5 万亩。

③大力发展果树生产。果树生产要主抓好三个辐射圈，即以军高为中心的辐射圈：以边二为中心的辐射圈；以邢庄为中心的辐射圈，使全镇果树面积达到 1 万亩，促使边镇粮经比例达到 1：1.5，实现农业产业化。

最后，为快速推进农业产业化经营，边临镇还发展了各种农村合作经济组织。镇政府根据不同行业的从业人员进行不同形式的培训，并推动群众自发选举各个行业协会的会长，协会成立后，由镇政府人员帮助建立各个协会的规章制度以及主要的工作任务目标，为此，全镇建立了 6 个农民协会，即粉皮加工协会、木业加工协会、铁业加工协会、运输协会、蔬菜经营协会、果品经营协会，来保障与推进农业产业化。

在推进第一产业发展的同时，边临镇政府还采取措施推动第二、三产业的发展。首先，搞好宣传，采取组织群众外出参观、印发明白纸、聘请专家讲课等多种形式，同群众算好效益对比账，使群众改变"以农为本"的思想，引导他们大力发展第二、三产业。其次，镇党委政府采取帮助协调场地、协调贷款资金，税收按比例返还等方式，制定优惠政策，鼓励发展第二、三产业，激发干部群众发展第二、三产业的积极性。第三，搞好重点扶植。镇党委政府对现有规模以上企业以及在全镇有较大影响的个体大户实行镇主要领导进行重点帮扶的措施。当他们在发展过程中遇到实际问题，帮扶领导都要亲自到现场协调解决，消除他们发展过程中的顾虑，增加他们发展的动力，在全镇起到典型带动作用。

可以说，边临镇的农业经济经过上述三个阶段的发展，目前正进入进一步推进农业产业化，调整三次产业结构的阶段，为边临镇的小城镇建设奠定了一个扎实的基础，推动了全镇发展以农产品深加工及农产品流通为基础的第二、三产业，当前，边临镇正在这个方向上朝小城镇建设的道路上迈进。

第二节　农村经济收入与农民净收入

在近三十年的快速发展下，边临镇农村经济收入与农民净收入也得到很大提高，本章依然按照五个管区，即位集、南北辛、西华、边镇以及生金刘，来探讨各管区的经济总收入、收入结构以及各管区的农民净收入状况，由此反映出全镇的整体收入状况，全镇农业结构调整以及三大产业结构调整的总体状况。本章分析主要建立在 2006 年边临镇五个管区的各项经济收入数据的基础上。

一　农村经济收入状况

边临镇农村经济收入来源主要有种植业收入、林牧渔业收入、工业收入、建筑业收入、运输业收入、商饮业收入、服务业收入以及其他收入等十几种收入，其中种植业收入占主要比重，全镇种植业收入占总收入的67.2%，各管区比重也在67%上下，其中位集最高；其次是牧业收入，全镇牧业收入的比重为12%，各管区比重也在12%上下；至于其他各项收入都不到10%，其中工业收入有7%，商饮业收入占3.1%，而服务业则不到1%，各管区收入大致状况与此类似，显然，从收入角度来看，边临镇三大产业发展还很不协调。具体数据可见表2—3和表2—4。

表 2—3　　　　　**2006 年边临镇各管区农村经济收入总量构成**　　　单位：元

	位集	南北辛	西华	边镇	生金刘	合计
种植业收入	12738725	13895720	16051130	15532600	17311810	75529985
其他农业收入	620830	646450	757630	734130	817140	3576180
林业收入	202680	220340	258240	250230	278520	1210010
牧业收入	2264670	2461990	2885400	2795900	3112030	13519990
渔业收入	202680	220340	258240	250230	278520	1210010
工业收入	1311570	1425840	1671060	1619220	1802310	7830000

续表

	位集	南北辛	西华	边镇	生金刘	合计
建筑业收入	457290	497130	582630	564560	628390	2730000
运输业收入	30510	327780	384150	372230	414320	1528990
商饮业收入	589620	640990	751230	727930	810230	3520000
服务业收入	130650	142040	166470	161300	179540	780000
其他收入	160810	174820	204880	198540	220960	960010
合计	18710035	20653440	23971060	23206870	25853770	112395175

表 2—4　　　　2006 年边临镇各管区农村经济收入比例构成

	位集	南北辛	西华	边镇	生金刘	合计
种植业收入	0.681	0.673	0.670	0.669	0.670	0.672
其他农业收入	0.033	0.031	0.032	0.032	0.032	0.032
林业收入	0.011	0.011	0.011	0.011	0.011	0.011
牧业收入	0.121	0.119	0.120	0.120	0.120	0.120
渔业收入	0.011	0.011	0.011	0.011	0.011	0.011
工业收入	0.070	0.069	0.070	0.070	0.070	0.070
建筑业收入	0.024	0.024	0.024	0.024	0.024	0.024
运输业收入	0.002	0.016	0.016	0.016	0.016	0.014
商饮业收入	0.032	0.031	0.031	0.031	0.031	0.031
服务业收入	0.007	0.007	0.007	0.007	0.007	0.007
其他收入	0.009	0.008	0.009	0.009	0.009	0.009

要直观了解边临镇 2006 年的农村经济收入结构以及 2006 年边临镇各管区农业收入占总收入的比重，可参见图 2—5、2—6 所示。

此外，为反映边临镇各管区农村经济总收入占全镇的比重，根据表 2—3、2—4，还可描述出 2006 年边临镇各管区农村经济总收入及其占全镇的比例，以及全镇农村经济收入构成，如图 2—7、2—8 所示。

由图 2—7 可见，生金刘管区占据比重最大，也即对全镇总收入贡献最大，而农业收入占比重最大的位集管区，对全镇总收入贡献最小，也从一个侧面说明纯粹的农业收入对总收入贡献的地位正在下降。但不得不面对的一个现实是，在边临镇种植业收入仍占绝对比重，达68%，这说明若不调整三次产业结构，将会直接影响总收入的提高，如图2—8。

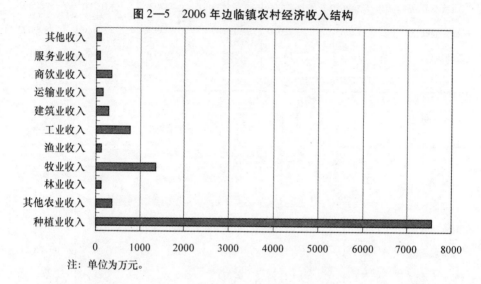

图2—5　2006年边临镇农村经济收入结构

注：单位为万元。

图2—6　2006年边临镇各管区农业收入占总收入的比重

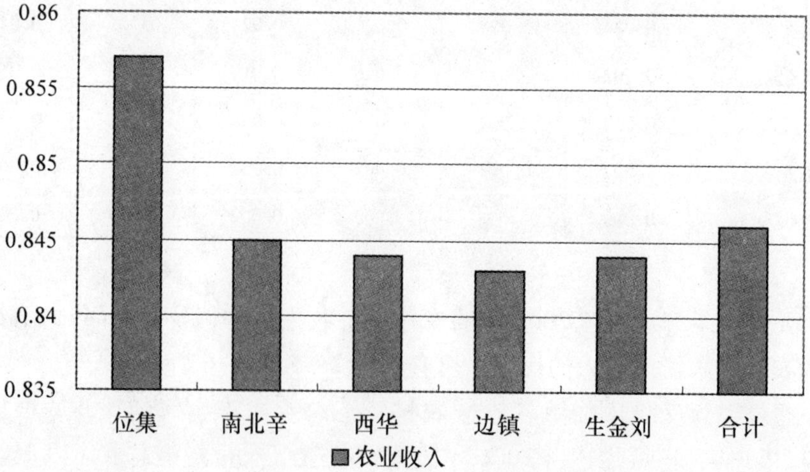

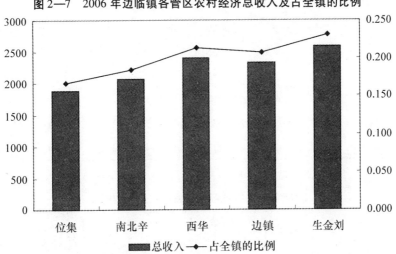

图2—7 2006年边临镇各管区农村经济总收入及占全镇的比例

注：左边纵轴的单位为万元。

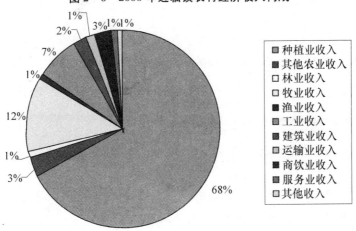

图2—8 2006年边临镇农村经济收入构成

二 农民净收入状况

边临镇农民净收入主要包括三项，即农村经济净收入、农民外出劳务收入和农民从集体再分配收入。从全镇净收入状况来看，农村经济净收入占绝对比重，占67.4%，其次是农民外出劳务收入，占25.3%，而农民从集体再分配收入只占7.3%，各管区各项收入比例也大致如是，仅是各项收入比重略有不同，具体可如表2—5、2—6所示。

表2—5   2006年边临镇各管区农民净收入构成   单位：元

	位集	南北辛	西华	边镇	生金刘	合计
农村经济净收入	12518675	13484332	16093532	15465275	17170440	74732254
农民外出劳务收入	1585869	5888318	6808918	6357773	7373692	28014570
农民从集体再分配收入	4426365	728102	883265	1145272	945138	8128142
农民总净收入	18530909	20100752	23785715	22968320	25489270	110874966
农民人均净收入	4282	4273	4314	4300	4286	4291

表2—6   2006年边临镇各管区农民净收入比例构成

	位集	南北辛	西华	边镇	生金刘	合计
农村经济净收入	0.676	0.671	0.677	0.673	0.674	0.674
农民外出劳务收入	0.086	0.293	0.286	0.277	0.289	0.253
农民从集体再分配收入	0.239	0.036	0.037	0.050	0.037	0.073

由上两表所见，无论是全镇还是各管区，农村经济净收入大致在67%以上，不超过68%；农民外出劳务收入各管区则有较大不同，其中位集农民外出收入最少，仅有8.6%，这与该管区大多数农民在家务农有关，外出劳动力较少，而南北辛农民外出劳务收入为29.3%，超过全镇4个百分点，反映了该管区劳动力转移务工较为活跃；而与之相对应的是农民从集体再分配收入状况，外出务工则意味着难以获得集体再分配收入，这一点表现很明显。农民外出劳务收入最少的位集，该项收入占23.9%，远超过全镇平均的7.3%，而南北辛最低，仅有3.6%，三项净收入比例状况，可参看图2—9。

以上反映的各管区净收入格局，一个直接结果是，使得各管区农民人均净收入却相差无几，可参见图2—10。

由图可见，各管区人均净收入最高的是西华4314元，最低的是南北辛4273元，两者全年人均净收入相差41元，最低的南北辛与全镇平均值4291元相比，也只差18元，因此，从人均净收入来看，反映了整个边临镇收入分配较为平均，既未出现两极分化，也未适当拉开收入差距。

另外，对于全镇平均的农民净收入构成，具体可参见下图，此图反映了边临镇农民的主要收入来源概况，由于全镇农村经济净收入占了

68%，在短期内提高收入还需要依赖农业的发展，但因农业收入提升空间有限，农民外出劳务将会在提高收入方面占据越来越重要的位置，这需要加大农村劳动力的转移工作，首先是产业转移，更重要的是地域转移。

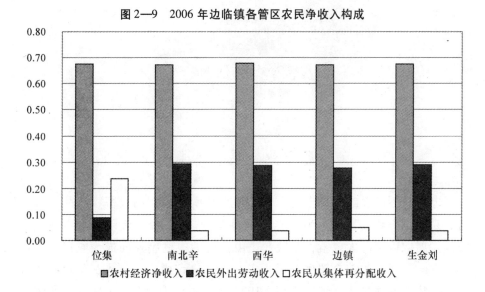

图2—9　2006年边临镇各管区农民净收入构成

■农村经济净收入　■农民外出劳动收入　□农民从集体再分配收入

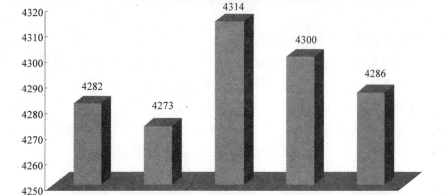

图2—10　2006年边临镇各管区农民人均净收入比较

■农民人均净收入

图 2—11　2006 年边临镇农民净收入构成

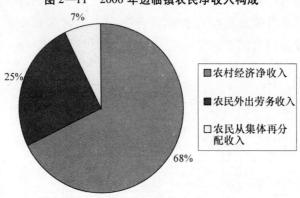

边临镇不仅农副产品丰富，被誉为京津南菜园，而且畜牧产品资源丰富，是德州扒鸡、鲁西黄牛的养殖繁育基地。自 90 年代以来，边临镇畜牧业发展取得了巨大成就，畜牧业正由传统的家庭副业向成为农村支柱产业的方向发展，当前全镇牛存栏 2.3 万头，猪存栏 1.5 万头，羊存栏 3 万只。畜牧业发展是边临镇的强项，1995 年曾被评为山东省畜牧业生产强乡镇，边临镇政府高度重视畜牧业发展，发展形势令人鼓舞。

一　畜牧业生产的发展概况

为搞好畜牧业发展，边临镇政府早在 1998 年就成立了由党委副书记、镇长张德水任组长，分管书记陶发春任副组长，畜牧站长和六个分管区书记为成员的领导小组，并根据县分配的畜牧业暨小尾寒羊生产的任务目标，确定了 10 个养猪重点村，12 个养牛重点村，8 个小尾寒羊重点村，并建起存栏种母猪 100 头的种猪场，建成了 10 个养猪小区，培植了 1507 个养殖大户；建成养牛小区 1 个，培植了 50 个养殖大户，配种黄牛达 2600 头以上；培养养羊大户 20 户，每户 30 只，确保了 8 个村为养羊重点村，其中史家庵、仁义店、陈庄、乔庄四个村每村 3 个重点户，养羊 90 只以上，而邢庄、王庄、南北辛、三官庙四个村每村 2 个重点户，每个大户养羊 30 只以上。

另外，为落实养猪、养羊、养牛重点村的建设，边临镇政府还出台了一系列扶持政策，为养猪、养牛、养羊大户，解决一年贴息贷款，并为养猪、牛、羊大户提供 2—5 亩饲草地。在镇政府的大力扶持下，全镇畜牧业生产得到了良好的发展：到 1998 年底生猪存栏已达 9000 头，牛存栏 8000 头，存栏数量稳步上升；同时养羊发展也很快，由 1997 年的 4000 只发展到 1998 年的 9000 只；到 1999 年牛存栏由 1998 年的 8000 头增加到了 9520 头，出栏由 1998 年的 3000 头，增加到了 4700 头；猪存栏由 1998 年的 9000 头，发展到了 13500 头，出栏由 1998 年的 7000 只，增加到了 8000 只。与此同时，养鸡也由 1998 年的 5 万只，增加到了 8 万只。

若按每增加一头牛算 1000 元，猪为 500 元，羊为 200 元，兔为 20 元一只，蛋鸡为 10 元计算，1999 年比 1998 年畜牧业增值 521 万元；若按每出栏一头牛增值 800 元，猪 500 元，羊为 100 元，兔为 15 元计算，总计可达 905 万元，使畜牧业总收入达 1429 万元。

二　牲畜品种的"三大改良"

畜牧业发展的一个重要环节是改良牲畜品种，以加速生长周期、提高受胎率、改良肉质。为此，边临镇跟上新形势发展，在"三大改良"，即牛用肉牛改良，猪用瘦型猪改良，山羊用世界著名的肉山羊"波尔山羊"改良，绵羊用小尾寒羊改良等方面工作上大做文章。

首先，对于黄牛改良，主要在于提高受胎率，其中关键是提高配种覆盖面。为此，边临镇在原来五处配种点的基础上增设了四处配料点，使黄牛改良覆盖面达到了 95% 以上，不仅方便了群众，还使黄牛改良配种率大大上升，从 1998 年到 1999 年 4 月底配种 3780 公斤，受胎率按 90% 计算，即受胎 3402 头，按每头杂交一代牛比当地牛周年增加效益 300 元计算，增加效益 10.2 万元，全镇人均增加 40 元。

对于瘦型猪的改良，主要在于把皮厚肉肥的猪改良成生长快，瘦肉多的瘦肉型猪，提高经济效益。为此，边临镇大建猪圈，买种公猪，实行人工采精，为养殖户提供更多方便，服务上门，加大配种覆盖面。

对于羊的改良，边临镇主要通过购入世界著名的肉山羊（波尔山羊）冻精和小尾寒羊种公羊、种母羊，使用人工授精技术与本地羊进行杂交。由于杂交一代三个月可达 50—60 斤，是本地羊的三倍，大大提高了经济收益。

由于大力推广肉牛改良，瘦型猪的改良和波尔山羊的改良，到 1999

年肉牛改良 4150 头，瘦肉型猪为 1230 头，波尔山羊 280 只。若按受胎率 80% 计，改良牛 3320 头，每头增加收入 200 元计算；猪按每窝增收 200 元，羊 224 只，每窝增收 100 元计算，可以看到，仅仅通过三大改良，全镇农民就增收了 88.32 万元，人均达 32.7 元。

虽然"三大改良"给边临镇农民带来了相当利益，但在推广过程中仍存在一些问题，主要体现在农民养殖的习惯、对新鲜事物持消极态度以及加上宣传不到位，使得三大改良的好处还未完全使农户皆知，另外，有些群众由于不懂科学养殖，不管品种优劣，讲近求近，不管效益如何，只要能卖钱就行的观念盛行。这些问题的存在，使得"三大改良"的推广空间未尽其效，为此，边临镇政府采取了相应措施激发农民的积极性。

首先，分片举办科学养殖学习班，实行政策引导，定任务，把任务直接分到村到户；其次是制定优惠政策，实行补义务工的办法，如每改良一头牛补一个义务工，每改良一只羊、一只猪，补半个义务工；其三，实施优惠政策，筹措部分资金建 50—100 只的本地山羊做母，波尔山羊做公的养殖场，利用杂交一代母羊代替当地山羊，把当地小而瘦的羊改良成生长快出肉多的肉山羊等措施；其四，实行先免费配种后收羊的办法，与养殖户签订回收合同，回收杂交一代羊建一个良种羊繁育基地，利用这种方法把当地羊改良成肉山羊。

三　防疫与拓宽品种

与品种改良一样，防疫工作也是畜牧业发展的一个重要环节。1999 年边临镇就因防疫密度太低，造成了"口蹄疫"暴发流行，给整个畜牧业生产造成了严重的损失，挫伤了农民的积极性。为此，镇政府积极采取措施防微杜渐，组织强有力的防疫队伍，一年三次防疫，做到保质保量，不漏村、不漏户、不漏头只，把疫情控制到最小百分点，提高了农民发展畜牧业的信心和积极性，使畜牧业重新在农业上占到重要地位。与此同时，镇政府还加强了市场和流通环节的检疫，杜绝病死畜禽肉上市，建立一到两处经宰前检疫、宰后检验的放心肉屠宰点。

除了进行品种改良与加强防疫工作外，为大力发展畜牧业，边临镇还拓展了养殖品种来发展畜牧业。如大力发展养兔业，由于兔肉具有高蛋白、低脂肪、低胆固醇、易消化的特点，尤其是加入世贸组织后，兔肉成为肉食当中的绿色食品，而且毛兔价格持续上涨，边临镇抓住了养兔前景广阔这个机遇，大力发展养兔业，帮农民又找到了一条致富的好路子。另外，由于兔子吃的是草，长的是肉，易饲养，一个家庭在不误农活的情况下，就能养 2 到 3 组，年收入可增加 6000 到 9000 元。为此，镇政府采取了政策引导的措施，由镇政府牵头，以兽医站为龙头，农民种兔场为基础，成立了由养殖户参加的养兔协会，实行产、供、销一体化，即：协会→种兔场→养殖户→回收商品兔的方式，签订供种、技术指导、饲料供应、回收商品兔的合同，使养兔业又成为边临镇一个重要的养殖品种，加强了边临镇作为畜牧业强镇的地位。

四　大棚生产情况

在我国，塑料大棚的使用与普及于 80 年代才得以充分认识与推广，目前仍处于推广中的初级阶段。边临镇政府非常重视大棚生产，为推广大棚生产，加大大棚生产的工作力度，强化政府领导和明确责任，早在 1998 年就成立了以镇长张德水为组长的大棚生产领导小组，具体抓落实，并专门抽调副书记陶发春靠上抓，成立了 5 人的科技服务队，抓大棚生产的任务落实，搞好技术服务指导，一人一个村并与本人的工资直接挂钩，实行严格奖惩制度。

在镇政府积极组织推广下，边临镇在 1998 年就建立了天津式冷棚 800 个，其中有 600 个大棚落实到户、落实到地块，并形成了以前华为中心，以种植美国西芹为主导产品，辐射后华、寨门刘、东华等 5 个村庄的良好格局。此外，为形成大棚生产的良好氛围，镇政府还召开党委、政府联席会，重点村支书、部分群众代表座谈会，以村为单位，请前华大棚生产大户采用现身说法，对比算账、算效益账的方式，进行思想再发动，通过典型引导、动员群众自愿报名大棚生产，与农户签订生产协议书，制定每亩大棚补贴 500 元以及村里大棚免除一切负担的优惠政策，引导了全镇广大农民投入大棚生产。

第 三 章

边临镇工业经济发展状况

　　由于边临镇农副产品发展较好，农副产品加工业一直以来也是边临镇的主要经济支柱之一。早在 80 年代初，以农副产品加工为主的乡镇企业就在边临镇发展起来，建立起了如修配厂、副食加工厂等乡镇企业，有些乡镇企业还发展到与外地协作，生产出一些高难度产品。1984 年，边临镇的工业总产值就达 117.2 万元；到 1985 年，全镇共有镇办企业 6 处，项目由 1984 年的 10 个增加到 14 个，完成总产值 910 万元，占全镇工农业总产值的 36%。可以说，边临镇工业起步较早，工业基础也不错，当我国开始建立社会主义市场经济后，边临镇抓住机遇，工业发展势头更加迅猛。

　　到 1995 年，全镇乡镇企业发展到 11 处，其中有 9 处乡镇企业还通过内引外联的方式分别与天津一国棉、天津羊毛衫万乐集团、唐小钢铁安装工程公司等 8 处国有大中型企业挂钩联营，使各项经济技术指标都登上了新台阶。此外，边临镇还通过发展主导产业、兴办村办企业、大搞积累等几种有效形式，建立了村办企业 4 处，村级集体积累不断壮大，使全镇村级集体公共积累人均达到 245 元，30% 以上的村人均占有集体积累 500 元以上，基本消除了集体经济空壳村，其中生金刘、前华村通过创办纸箱厂和再生绒厂，人均公共积累均在 2000 元以上。与此同时，全镇还努力发展民营企业，1995 年民营企业发展到 120 家，工业实现产值 1.5 亿元，利税 600 万元。

　　进入到 21 世纪后，边临镇政府确立了全镇促进工业经济发展两大"天字号"工程，即招商引资和发展民营经济，并围绕这两大"天字号"工程，开始大上工业，上大工业，把大上工业，上大工业作为强镇富民，增加财政收入的重要举措，而且确定了在发展壮大传统优势项目——纺织业的同时，积极引进培植新项目的工作思路，逐渐形成了适合自身特点的工业发展模式，即以招商引资为重点，培植工业园区，发展民营经济、小城镇建设和个体工商业三大主线。

近年来，边临镇在对推动个体私营经济方面，又找到了一条新渠道，即确立了木业加工为主导产业，以宏森木业加工厂为龙头企业的"龙头企业＋合作社＋业户"推动个体私营经济发展的生产经营方式。

本章将通过介绍边临镇的乡镇企业发展、民营经济和招商引资的情况、龙头产业——棉纺加工业以及以木业加工为主导产业的个体私营经济的发展现状，来较为全面地把握边临镇的工业经济发展状况。

第一节 乡镇企业改制与民营经济发展的"四大工程"

一 乡镇企业的发展与改制

边临镇的乡镇企业，主要以 80 年代初以农副产品加工为主的企业，如副食加工厂等为基础而发展起来。在此基础上，经过改革开放以来十几年的发展，到 1995 年全镇乡镇企业发展已有些规模，建立了 11 家乡镇企业，其中有 9 家乡镇企业还通过内引外联的方式分别与天津一国棉、天津羊毛衫万乐集团、唐小钢铁安装工程公司等 8 处国有大中型企业挂钩联营，使各项经济技术指标都登上了新台阶，并形成了油棉厂、纺纱厂、轧钢厂、砖瓦厂 4 个龙头骨干企业，带动了其他 14 处乡镇企业的迅速发展。

与大中型企业的内引外联，是边临镇办好乡镇企业的一项重要经验。通过内引外联，不仅加强了与大中型企业的技术联合与合作，提高了企业管理水平和主要经济技术指标，提升了节能降耗、内部挖潜的自身能力，增加了经济效益；而且还能促使各企业不断加强对职工的技能培训与供销队伍建设。尤其在销售人才的建设上，通过与大中型企业的经验交流，不但稳定了现有销售队伍，还可选拔有一定公关能力的人才充实进来，学习以现代的营销手段参与市场竞争，逐步完善销售政策，实行售利挂钩，增加销售人员开拓销售市场的积极性和创造性。

内引外联的措施，扩大了边临镇乡镇企业的规模，也壮大了其竞争实力，进入 90 年代后，为适应社会主义市场经济的要求，进一步搞活乡镇企业，边临镇乡镇企业经营机制改革工作也开始运行起来。在镇政府大力推动下，为全面增加企业活力，全镇有14家乡镇企业进入股份制或租赁制经营模式，让企业的经济效益直接与职工利益挂钩，并鼓励村以下企业实行股份制经营。股份制经营不仅调动了企业职工的积极性，而且吸纳了民间资金，增强了乡镇企业的活力，如在1995年，通过股份制改制，全镇、村企业就融通社会闲散资金200万元以上。经过对乡镇企业内外机制的改革与完善，1995年边临镇乡镇企业产值达到4亿元，村以下企业产值达3亿元，成为全县乡镇企业发展的强镇。

在乡镇企业改制与发展的同时，边临镇民营经济也开始获得较快发展的机遇，通过实施一把手工程，狠抓个体企业的一品带动，建立民营经济小区的方式，使民营经济也有了较快的发展。边临镇政府在实施一把手工程中，努力解放思想，放开政策，引导有潜力的个体户的发展，并逐渐形成规模，建立民营经济小区。到1996年全镇就发展了4个民营经济小区，即粉皮加工小区，建筑材料小区，运输小区，铁圈加工小区，个体生产专业户达2100多处，其中粉皮生产专业户已达到400多处，覆盖了15个村庄，仅此一项1996年1—6月份就创产值1000万元，实现了利税200多万元，户均纯利润3000多元，1996年上半年全镇民营经济共创产值3300万元，实现利税339.2万元。民营经济发展的成效，促使镇政府下大力气发展民营经济，并在推动民营经济发展上，形成了以致富为动力，按照全面发动，整体推动，分类指导和先发展后规范的工作思路以及微观上搞好服务，宏观上加强领导的工作方式。

二　民营经济发展的"四大工程"

在乡镇企业改制的同时，发展起来的民营经济小区为边临镇的民营经济发展开了好头。实践证明，民营经济的发展不仅可为边临镇的整个经济建设注入生机和活力，也可为全镇的财政收入撑起半壁江山。为此，边临镇政府也开始努力探索推动全镇民营经济发展的思路和模式。

以1996年的民营经济小区建设为始，经过两年多的实践，到1998年，镇政府逐渐形成了"广泛发动、重点扶植、突出特色、加大投入"的指导思想以及实施"四大工程"计划的民营经济发展模式。所谓"四大工程"即：一把手工程、骨干膨胀工程、小区建设工程与外引内联工程，具体而言，即：

1. 一把手工程。所谓"一把手工程"，就是强化镇党委、政府的领导。为此镇政府主要抓三点工作：一是加强领导，成立了以党委书记为组长的民营经济领导小组，全面负责对民营经济的规划、协调、指导和服务工作，并吸收公安、税务、法庭等部门参加，为全镇民营经济的发展提供了强有力的组织保障。二是落实项目。三是向下延伸，即将"一把手工程"延伸到村级，使全镇所有的村支部书记都领办、创办或扶持一个投资10万元以上的私营大户，以带动和促进全镇民营经济的快速发展。在"一把手工程"的引导下，1998年边临镇共落实总投入450万元，落实村级"一把手工程"项目24个，其中投资15万元以上的项目6个。

2. 骨干膨胀工程。所谓"骨干膨胀工程"，就是充分发挥骨干企业的龙头作用，带动全镇民营经济的迅速发展，尤其加大镇办企业的扶持力度，如镇办企业天津一棉陵县二分厂在厂内管理、外拓市场等方面，就得到镇政府积极广泛的支持和帮助。

3. 小区建设工程。所谓"小区建设工程"，就是结合小城镇建设，高起点、高标准建设民营经济园区。为此，边临镇成立了开发区管理委员会，政府分别投资20万元建起了综合办公楼，投资450万元规划建设了"边临镇个体私营经济开发区"和"边临镇工业园区"两处经济小区，吸引个体私营户报名申请入区投资经营和乡镇企业集中经营。

4. 外引内联工程。所谓"外引内联工程"，就是按照"借梯上楼、借水行舟"的战略，借助外力发展自己，为此，镇政府先后出台《关于加快招商引资的优惠政策》和《关于加快民营经济发展的决定》等一系列优惠政策，吸引外地客户来镇投资建厂搞经营。

在"四大工程"的民营经济发展模式的推动下，边临镇民营经济发展取得重大成效，全镇民营经济实现了质和量的新突破，如1998年1—10月份，全镇民营经济总投入达到2800万元，实现产值1.94亿元，实现利税1875万元，实缴税金195万元，同比分别增长了42.5%、19.5%、33.3%和17.6%。与此同时，在放手发展民营经济过程中，边临镇还进一步确定了自己的龙头产业。

1999年，以棉纺织加工为龙头产业，带动其他产业共同发展，并把民营经济的发展与小城镇建设相结合，在与市场建设相结合的总体思路带动下，全镇民营经济发展又有了长足的进步。1999年全镇共完成企业产值2.4亿元，实现利税2034万元，实缴税金318万元，同比分别增长23%、

32%、41.8%；新增工商业户 395 户，新增注册资金 1400 万元，新增私营企业 22 家，全镇民营经济总投入达到了 4200 万元，出现了前所未有的发展势头。

此外，在民营经济发展势头迅猛的同时，农民个体私营经济也得到充分发展，更多的农民从第一产业中走了出来，发展自家的特色产业，或从事第二、三产业，初步形成了专业化生产格局。1999 年，全镇从事经营的个体工商业户已达 1718 户，从业人员 7000 多人，上缴税金 80 万元，不仅有效地改善了农村劳动力的就业结构，还较大增加了农民收入。在不断膨胀发展特色产业和主导产业基础上，边临镇还推动了专业村建设，也形成了一条特色产业专业化、主导产业区域化发展的路子。1999 年，全镇共形成了各类专业村 14 个，初步形成了前华村的毛毯加工业，边一村的铁囤加工业，魏集村的粉皮加工业，范桥、北纪、西张村的运输业等四大特色产业。

民营经济小区建设、"四大工程"的民营经济发展模式、以棉纺织加工为龙头产业及特色产业专业化，是边临镇民营经济发展自我摸索出来的一条道路，进入 20 世纪后，在龙头产业的带动下，边临镇进而又逐渐形成了自己的工业发展主线。

第二节　工业发展道路与工业发展主线

一　以棉纺业为龙头产业的工业发展道路

经过几年的摸索，边临镇逐步形成了符合自身特色的工业发展道路，这条道路的特点是以棉纺加工业为龙头产业来带动其他产业共同发展，在发展民营经济的同时与小城镇建设、与市场建设相结合以及大力培植特色产业，形成专业化生产。进入 21

陵县天一纺织有限公司

世纪，沿着这条发展道路，边临镇工业发展又上了一个台阶。

首先，为了确保龙头产业的发展，边临镇采取的主要措施是靠大联强，立足本镇优势，根据市场运行规律，确立了棉纺业为全镇主导产业的特色。如为确保棉纺业实现规模化、集团化生产，1998 年建立了陵县天一纺织有限公司，并在此基础上加强了与有较强经济实力和先进管理经验的天津一棉集团合作，初步实现了规模化、集团化生产。目前，天一纺织有限公司总占地面积 3.7 万平方米，拥有固定资产 3000 万元，有职工 500 多人，其中工程技术人员 110 人，已成为山东省、德州市、陵县三级重点坯布生产基地之一，属山东省中型乡镇企业，生产灯芯绒、平纹、斜纹、条绒纯棉坯布等产品，产品质量达到国家一等一级水平，远销天津、北京、上海等地。

2000 年 3 月份，边临镇与天津一棉集团共同筹资 240 万元，完成了对纺纱厂的技术改造，新上钢丝机 1 台，梳棉机 2 台，细纱机 2 台，精纱机 2 台，电子清纱器 2 台，使产品达到了出口标准。生产规模由原来的 5000 纱锭扩大到 8000 纱锭，新增产值 300 万元，利税 50 万元。

坯布生产机械设备

另外，在此基础上，边临镇又多次与天津一棉洽谈，并签订合作协议，新上千台织机、3 万纱锭项目，总投资 1.15 亿元，其中引进天津一棉资金 8000 万元。与此同时，又与天津一棉合作新上汽流纺项目，仅用十多天的时间该项目就完成了从立项、签订协议到开工建设的全过程。项目总投资 400 万元，采取股份制形式经营，由天津纺纱厂出资 120 万元，镇政府出资 150 万元，双方个人出资 130 万元，集体股和国有股占 70%。项目建成后，年生产能力 1000 吨，实现产值 1200 万元，利税 150 万元。

由于陵县天一纺织有限公司的成立及发展，不仅扩大了企业自身规模，

坏布生产车间现场

还进一步膨胀了全镇的骨干企业。通过织布厂企业规模的扩大以及搞好纱厂技改，盘活了镇办油棉加工厂，实现了棉花的加工、纺纱、织布一条龙的生产模式，形成了乡镇企业集团。此外，通过启动油棉厂和纱厂的技改以及织布厂的扩建，还初步形成了全镇的棉纺织业产业化和系列化的生产格局，进一步增加了产品的市场竞争力，全镇民营经济出现了良好的发展势头。在以镇织布厂为龙头的带动下，边临镇由此还开展了千台织机进村入户工程，以周边村庄仁义店、东华、西华、边二为重点，以前华毛毯厂为核心开展了千户农民进行再生线纺织、加工拖把和铁囤加工等，从而在全镇形成了民营经济铺天盖地从事棉纺加工的现象。

其次，为实现小城镇建设同发展民营经济相结合，同市场建设相结合，以小城镇建设带动民营市场的扩大和完善，边临镇不断规范完善园区建设工程，在小城镇建设上搞突破，取得较大进展。2000 年，利用 1999 年边临镇被批为省级中心镇的条件，抓住 314 省道拓宽的大好机遇，加大了小城镇的建设力度。按照以地招商的总体思路，镇政府投资了 300 万元建成边三建材市场，使建材经营加工户达到 10 个；投资 500 万元建设边二棉花收购、加工小区，使入区加工户达到 6 个。然后，又利用边临镇工业园区被德州市委、市府定为市级工业园区的有利时机，与小城镇建设相结合，2000 年边临镇政府又投资 1000 万元，规范完善了水、电、邮等基础设施，对边临镇镇北大市场实行了规范化管理。

另外，按照政府、集体、个体都投资的原则，全镇还总体规划了铁囤生产一条街、建材市场、棉花收购以及加工小区，为民营经济发展提供方便的生产场地和交易市场。

其三，为加快民营经济发展，边临镇还实施了三专带动工程，在特色产业发展上搞突破，把建设专业镇、专业村、专业户作为一个重要举措。

除了继续培植壮大全镇的铁囤加工、毛毯、再生纺纱、粉皮加工、运输为主的五大主导产业外，还通过实现产、供、销一条龙，扩大规模，提升档次。2000 年，边临镇周边村庄加工业户已扩张到 1500 家，加工人员升到5000 人，实现了产值 1.8 亿元，利税 1600 万元。

另外，对于各项加工业，还继续开发新产品，努力扩展加工花色与品种。如在铁业加工基础上，引进铝制品加工业，小五金加工业，变单一的铁皮加工为综合金属加工业；魏集粉皮在保持细腻、微薄、淡而不化的基础上，也增加花色品种，进行深加工、精包装，使粉皮加工专业村达到 17个，专业户达到 2800 户，从业人员 7000 人。2000 边临镇政府还以军高、生金刘为重点，抓好林果特色产业，以镇办渔场、马才为中心抓好水产养殖的特色产业，以西宋养兔大户纪秀春为龙头，抓好兔肉加工，扩大规模，增强辐射功能，使兔肉加工也成为了边临镇新的特色产业。

为使边临镇产品遍及全国各地，提高产品的知名度和市场占有率，边临镇还组建了各行业协会，在全国各大城市设立了销售网点，如 2000 年就组建了铁囤技术协会、粉皮技术协会、毛毯技术协会为主的 16 个行业协会，分赴各大城市推广产品。

二　"大上工业，上大工业"的工业发展主线

随着以棉纺加工业为龙头产业，带动其他产业共同发展；小城镇建设同发展民营经济相结合，与市场建设相结合以及培植特色产业，形成专业化生产的工业发展取得重大成就，2005 年边临镇又开始按照"超常发展，跨越前进"的总体要求，围绕招商引资和发展民营经济两大"天字号"工程，突出了大上工业、上大工业这条主线，开始把大上工业、上大工业作为强镇富民，增加财政收入的重要举措，确定了在发

陵县长江纺织品有限公司

展壮大传统优势项目——纺织业的同时，积极引进培植新项目的工作思路。

通过与天津棉一集团的大力合作，边临镇纺纱厂和织布厂生产规模不断扩大，产品质量不断提高，不仅取得了十分可观的经济效益，成为镇民营企业的骨干力量，而且解决了大量的劳动力就业，增加了农民的收入。如2005年投资400万元新上汽流纺项目，进一步提高了生产能力和经济效益，该项目投产后，实现产值2000万元，实现利税150万元。与此同时，其他骨干财源企业在其带动下，也获得了超常发展，如长江纺织有限公司，年收入超过1800万元，裕丰油棉加工年收入超过1200万元，津丰棉纺织公司超过600万元，三家企业的年利税也都达到100万元，实现了历史性突破。

第三节　木业加工业为主导的个体私营经济

在个体私营经济发展方面，边临镇政府除制定出台一系列优惠政策，继续鼓励发展个体私营经济外，在巩固发展粉皮加工、铁业加工、运输业三大传统优势产业的同时，又力求培植新的特色产业，如培植了养猪业、养牛业和养兔业等。尤其值得一提的是，近年来，木业加工逐渐在边临镇发展起来，为此，全镇确定了以木业加工为主导产业来带动个体私营经济发展的方向，拟以此盘活全镇个体经济。

边临镇木业加工行业工会委员会

2003年春季，边临镇政府做出了一个大胆的决定：引进木业加工项目，振兴全镇民营经济。这在当时森林覆盖率不足10%的边临镇引起了强烈反响。为解决林木匮乏这一难题，当年春天，在镇政府的推动下，全镇掀起了一场轰轰烈烈的植树造林活动，村旁、路边、河岸、塘湾，到处种满了速生杨。通过植树造林活动，短短几年工夫，出现了无论你从哪个方向走进边临镇，都会见到全镇处处是郁郁葱葱、生长茂盛的杨林，到处是白似春雪、芳香宜人的木片，机器欢唱、人影穿行的一幅人与自然和谐发展的生动画面。目前，边临镇已成为陵县林业生产的排头兵，全镇林业面积就达到 3 万亩，人均近一亩半。无论是林木覆盖率，还是人均占有量，都排在了全县的第一位。根据陵县林业局统计，边临镇的森林覆盖率已超过 40%。2006 年，边临镇被授予市级"环境优美乡镇"称号，2007 年被县环保局推荐参加了"省级优美乡镇"的评选。

在大力发展林业生产的同时，项目引进工作也如期展开。2003 年夏天，便有十几台木片旋切机落户投产，并迅速见到了效益。而为促进木业加工项目，边临镇政府专门成立了民营经济调研小组，先后两上河北，三下临沂进行考察，并多次组织镇村干部和群众代表到临

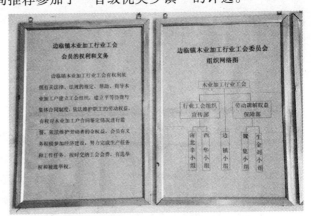

边临镇木业加工行业工会会员的权利和
义务及工会委员会组织网络图

沂、河北参观学习当地的木片加工业，增强了全镇发展木业的信心。为了尽快把木业加工做大做强，推动木业加工又好又快发展，镇党委政府还专门出台了扶持政策，制定了《边临镇关于发展木业加工的有关规定》，建立了"书记镇长亲自抓，管区书记集中抓，村级干部带头抓"的三位一体抓木业加工发展的工作体制。此外，为把全镇木业、木材加工业组织起来，进行统一管理，统一组织，统一开展工会工作，减少业户间与员工的生产矛盾，维护员工的合法权益，更好的为木业加工行业的组建、开展、活动等做好前提工作，边临镇还成立了全镇的木业加工行业工会。

在镇政府的服务扶持下，边临镇依托丰富的林木资源，木业加工这一特色产业发展形势喜人：2005 年，全镇已有 30 家木业加工企业投入生产，全镇从事个体私营经济的工商业户新增 260 家，共计 1162 户，从业人员达到 5000 人。私营企业新增 30 家，共计 64 家，注册资金达到 2.5 亿元，

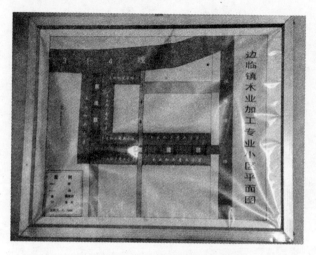

边临镇木业加工专业小区平面图

实现了利税 2300 万元,创造了村村有产业,户户有项目,群众天天见收入的良好局面。2007 年,边临镇木材加工企业迅速发展到 200 多家,加工设备 300 余台套,协调加工场地 15 处,安装 100 千伏变压器 7 个,200 千伏变压器 1 个,协调贷款资金近 30 万元,为广大业户解除了后顾之忧。而随着木材加工业的不断发展,木材的价格也一路攀升,已由 2003 年的不足 400 元/立方米,猛增至 750 元/立方米,林业生产的巨大经济效益凸显出来,使得当地乃至周边县市群众的植树热情空前高涨。

随着生产规模的不断扩大,经营中存在的一系列问题暴露出来:木材收购市场缺乏监管,木片销售市场秩序混乱,业户间相互抵制、相互拆台,欺行霸市行为抬头,这些问题严重制约了木材加工业在边临镇的发展。为了改变这一局面,确保木业加工产业健康有序的发展,边临镇政府于 2007 年初又做出了三个重要决定:一是成立木业加工专业村,强化村级管理;二是成立木业加工小区,强化乡镇管理;三是成立木业加工合作社,强化行业管理。这三个决定出台不到一年的时间,就改变了木业加工各自为战、无序经营的混乱局面,边临镇的木材加工真正走上了产业化道路,呈现出了又好又快的发展势头。2007 年 8 月,在镇党委政府积极引导、协调下,全县首个木业加工专业合作社成立,合作社制订了相关的章程,选举产生了 9 个理事。目前,全镇有 200 家木业加工户自愿加入"专业合作社"形成了"龙头企业 + 合作社 + 业户"的生产经营方式,合作社的成立标志着边临镇木业加工向着规模化、产业化发展又迈出了坚实的一步。一分耕耘一分收获。边临镇木材加工业经过四五年的发展,已经成长为个体私营经济的主导产业,形成了"收购——旋皮——压合——压板"一条龙式产业链,在"龙头企业 + 合作社 + 业户"的经营模式下,全镇建立了木业加工专业村 20 个,规划建成木业加工小区 6 个。

所谓龙头企业，具体指的是宏森木业加工厂。宏森木业是一家民办木业加工企业，是由边临镇西魏村党支部书记魏显军创办的。魏显军是一个土生土长的农民，1988年高中毕业后，在市场经济的大潮中，他摸爬滚打，到处寻找致富门路。2000年，果断创办了宏森木

宏森木业加工厂

业加工厂，从事木材旋切和胶合板生产。经过几年的苦心经营，宏森木业加工厂已从一个仅有5名员工、10万元资产的小公司，迅速发展成年销售收入600万元，利税近百万元的初具规模的企业，生产的压合板远销济南和临沂费县、兰山区等地。几年来，宏森木业不仅自身发展成效显著，还积极发挥了龙头企业的带动作用。在宏森木业带动下，边临镇木材加工已形成了收购——旋皮——压合——压板链条式发展，一年"吃掉"7.5万立方米木材，且每年以12.8%的高幅递增。蓬勃发展的边临镇木材加工业，不仅增加了全镇人均收入，在给当地百姓带来可观经济效益的同时，

木业加工原材料——速生杨

也带来了巨大的社会效益，不仅带动了运输业、餐饮业等相关产业的发展，更重要的是解决了大批农民剩余劳动力的就业问题，为那些不能长期出外打工的农村富余劳动力提供了就业岗位。据统计，2007年边临镇木业加工从业人员超过4000人，工资性收入达3500万元，在确保

一位女工在削树皮

农业生产稳步增收的基础上，仅以上两项收入，全镇人均可增收 3000 元。

目前，边临镇政府已把宏森木业加工厂作为全镇重点培植对象，大力增强宏森木业这一龙头企业的辐射效应，拟逐步把边临镇培植成鲁西北的木业加工基地，正如边临镇党委书记乔瑞华所说："把木业加工这一特色产业做大做强，是近年来乃至今后全镇的工作重点。"

本课题组实地考察了宏森木业加工厂，并了解了木材加工的流程、经济效益以及吸收农村富余劳动力就业等方面的情况。据介绍，整个木材加工作业分为：削树皮——分割——冲木——旋皮——切皮——晾架——打包 7 道程序，可参阅下面组图。对于机械设备，其中一个旋切机投资 1.8 万元，一天可旋皮 2000 多张；一台压合机 1.8 万元，木皮经压制成半成品后，送到压板厂，每张又可增值 4—5 分钱。另外，木材加工对劳动力要求不高，妇女以及 60 岁以下的劳动力都可从事旋皮、压皮等工序的作业，一天干 8 个小时的活，月工资可超过 600 块钱。

目前，边临镇的木材加工已经形成了从木材收购到旋木皮、收木皮再到压板出成品的一整套产业链。全镇每年能消耗木材 20 万方，相当于 6000 多亩林木，年实现销售收入达 2 亿元，仅 2007 年一年，边临镇老百姓的存款余额就比 2006 年翻一番。随着群众收入的不断提高，边临

经削树皮后的木材

镇农户买楼、盖楼的多了，私家车多了，购买电脑、安装宽带的多了，移动电话多了。以木业加工为主导产业，大大推动了边临镇个体私营经济的发展，提高了农户的收入，也使得人们的生活方式发生了可喜的变化。

一位老年员工在分割木料

两位女工和一位老年员工在旋皮

加工后的木皮在晾架

打包后的木皮

木材加工工作现场

第四节　招商引资

经过多年来发展民营经济的实践，尤其是通过与天津一棉的合作，边临镇政府认识到要实现民营经济的持续、健康、快速发展，仅仅依靠本镇的财力远远不够，必须要通过招商引资为经济注入活力，借助外地大企业的资金、技术、管理、市场等方面的优势来膨胀、发展民营经济是加快乡镇经济发展的一条重要途径。2001 年，结合实际，边临镇政府确立了"三产重点抓工业、工业重点抓纺织、借助外力谋发展、搞好招商兴经济"的发展思路，走大开放、大招商、大发展的路子。本章将围绕边临镇如何实现招商引资以及招商引资取得什么成果用两方面来予以阐述。

一　招商引资的三个举措

为扩大招商引资规模，边临镇政府从营造招商、安商的氛围，探索新的招商模式，形成招商强大合力等三个方面着手，立足本镇优势，努力为客商提供良好的经营场所，实现招商引资。

首先，为营造招商、安商的氛围，边临镇政府采取了一系列措施：

一是最大限度地优化政策，为招商引资精心打造一张富有魅力的名片。为此，镇政府本着一切为了招商的思想，研究出台了《边临镇工业园区招商引资优惠政策》，明确了项目税收、占地、建设、管理、服务等11个方面的优惠条件：

如新上固定资产投资100万元以上的项目，自投产之日起，三年内所缴增值税的30%，由镇财政奖励企业作为发展奖金，自获利年度起1—3年企业所得税的全部、4—10年企业所得税的50%，由镇财政奖励企业作为发展资金。新上企业五年内免收各种行政、事业性收费。固定资产投资200万元以上的项目，无偿提供土地10亩，使用期限30—50年。在此基础上，固定资产投资额每增加50万元，增加土地5亩。固定资产投资300万元以上的项目，根据需要，可由合作单位提供标准厂房等基础设施。新发展的企业可以"先上车，后买票"、"先发展、后规范"。借鉴先进乡镇的经验，提出"政策敢为天下先，不是口号是诺言"，并写在工业园进口处，用醒目的大字向外商承诺，接受社会监督。

二是实行全程服务，做到审批时一条龙服务，建设中全方位服务，投产后经常性服务。对新项目简化审批过程，力争一周内办妥一切手续。园区内实行扎口管理，一门式服务、一站式收费。树立"外商的要求就是我们的工作"的服务意识，积极协调，帮助他们解决生产、生活中的难题。企业建设过程中，镇经委始终盯在一线，做到急事急办，特事特办。

三是加大环境治理力度。一方面轰轰烈烈地开展严打斗争，打霸治邪，为经济发展创造安定的社会环境。另一方面，把治安联防队迁入工业园，公安、司法、法庭、经委联合办公，坚决查处"三乱"行为及其他影响工业发展的因素。

四是加大小城镇，工业园基础设施投资力度，筑巢引凤。把园区建设与小城镇建设有机结合，统筹规划，合理布局，按照省、市批准的小城镇建设中长期规划，城区部分基础设施进行改造。拓宽铺设"三纵五横"8条主要街道，规划建设"两区、四专、一市"，即一处占地500亩的县级民营经济开发区，一处占地800亩的市级工业园区，四处专业市场和一处综合贸易市场。为提高工业园的档次，还筹集专项资金300万元对园区内的设施进行完善，实现了"四通一平"，为客商提供了良好的经营场所。

其次是充分利用人缘、地缘及传统资源的优势，在巩固传统招商、以外引外、以内引内、小分队招商等重要招商方式的同时，积极探索新的招商模式。

　　在招商引资工作上，边临镇的一个特点是靠大联强，立足本镇优势，根据市场运行规律，把棉纺业确立为全镇主导产业，并为确保棉纺业实现规模化、集团化生产，持续加强与有较强经济实力和先进管理经验的企业之间的合作。

　　二是亲缘招商。为实现招商引资工作量的突破，充分利用边临镇籍在外工作人员以及边临镇籍人员的亲戚、朋友、同学、战友等多种关系，进行招商引资。如原籍边临镇前华村的王玉英目前在北京军区工作，认识一些北京的企业经营人士，通过这一关系，2000 年 10 月北京一客商落户前华村，并投资 80 万元新上塑料冷拔管项目，产品供不应求，市场前景十分广阔。仁义店村党支部书记王玉春酷爱书画，认识一批书画界名流，他通过北京、湖南的朋友，引进了北京八一电影制片厂和湖南客商的 60 万元资金，在本村新上一处烟雾制剂厂。

　　三是借智生财。为了更有成效地做好招商引资工作，全镇还通过引进能人来促进工业的发展。如纺纱厂厂长谢德录原是天津一棉集团的专业技术人才，自 1999 年接管纺纱厂后，他依靠自己熟练的技术和先进的管理经验，从加强企业内部管理、降低生产成本入手，不断提高产品的质量和产量，把一个负债累累的企业扭亏为盈。2000 年，企业完成产值 2000 万元，实现利税 200 万元。前华毛毯厂依靠浙江苍南速纺有限公司副总裁倪发兴的指导，经济效益不断提高，规模不断扩大。2000 年，与苍南速纺机械厂达成协议，引资 50 万元，新上无纺布生产项目，完成前华毛毯厂的扩建工程，产品畅销全国各地，年产值达 300 万元，利税 30 万元。

　　此外，为形成全社会招商的强大合力，边临镇政府还成立了招商引资委员会，由镇党委书记全面负责，亲自抓，2 名副书记靠上抓，对重点项目从立项、融资到建设一包到底。镇政府与镇直部门、各村签订了招商引资责任状，要求每个部门和村引资 3 万至 5 万元，或引进投资 5 万元以上的项目一个，年底奖惩兑现。并建立督察制度，对招商引资工作每周一调度，每月一检查，半年一考评。镇政府拿出主要精力抓招商，每月到重点项目现场办公时间不少于 5 天，帮企业解决生产经营中的困难，此外，镇上还每月召开一次外商、企业经理、厂长座谈会，共商边临镇工业发展大计。

二 招商引资成果

在三大措施的推动下，边临镇招商引资成果可谓丰富。2001年全镇共引进外资1500万元，项目4个；到2005年全镇共引进资金2200万元，其中引进投资500万元以上的项目2个，投资100万元以上的项目2个，投资50万元以上的项目3个，完成企业产值1.1亿元，实现利税1020万元，实缴税金129万元；到2006年上半年招商引资的新开工项目6个，新签约项目3个，在谈项目2个，另有若干项目在进一步的接洽。

具体而言：在新开工的6家项目中，其中在德东（边临镇）中小项目区的新开工项目有5家，分别是：固定资产投资1500万元的德州通达减速机厂；投资1500万元的德州华通电缆厂；投资4000万元的德州正兴电子有限公司；投资1500万元的德州信平电子有限公司及投资500万元的建筑模板生产项目。除以上5个项目外，还有在仁义店村新上的固定资产投资1000万元的毛衣加工项目。仅以上6个在建项目，预计固定资产投资额可达1亿元。

另外，除以上新开工项目外，还有3个已签约落户德东（边临镇）中小项目区的项目。这3个签约项目分别是：德州德尔信实业有限公司投资1000万元的钢结构加工及热力管道项目、笃信种业投资1000万元的农产品深加工项目以及德州金利工贸投资500万元的硒加工项目。此外，还有黑龙江桦川四益乙醇有限公司的高粱秸秆酒精项目，福建客商的尿不湿生产项目以及裕丰油棉厂扩建、长江纺织设备改造及汽车配件、面粉等若干项目。另外，在第九届德洽会上签约引进的投资3500万元的翔宇钢管项目已落户陵县经济开发区并建成投产，也为边临镇的招商引资工作写下了浓重的一笔。

截止到2006年底，在边镇德东（边临镇）中小项目区落户的共有8家企业，即正兴电子、通达减速机、华通电缆、信平电子、召祥电子、大别山昌工贸、硒金属加工、金利工贸，另有德尔信实业和笃信种业；洪斌运输、志华运输队落户边临镇；倍来利针织落户仁义店村。另外，落户陵县开发区的翔宇管业完成了扩建，镇北工业园区的长江纺织和裕丰棉厂进行了设备更新。这16家企业建成（扩建）后，固定资产投资达2亿元，投产后企业年可实现销售收入8亿元，利税1.2亿元，解决了5000人的劳动就业问题。

第五节 工业经济发展的绩效

在龙头产业、民营经济"四大工程"、木业加工业的带动下，边临镇工业发展形势喜人，这在很大程度上要归功于承载全镇工业经济的微观主题——民营经济的飞速发展。边临镇自 1984 年建镇以来，经过 20 年的工业发展，全镇私营企业发展取得了重大成绩，到 2006 年，总产值达197004 万元，占全镇企业总产值的 78.8%，吸纳就业比重占全镇企业的79.3%，上缴税金占 76.6%，营业收入占 85.3%，具体如表 3—1 所示，可以说，边临镇私营企业的发展状况已经主导了全镇工业发展的绩效。

表 3—1　　　　　**2006 年按企业类型分乡镇企业主要经济指标**　单位：个、人、万元

	私营企业		其他企业		总计
	数值	比重	数值	比重	
企业个数	72	0.055	1248	0.945	1320
从业人员年末数	8416	0.793	2194	0.207	10610
增加值	68951	0.899	7753	0.101	76704
总产值	197004	0.788	53122	0.212	250126
营业收入	188226	0.853	32400	0.147	220626
利润总额	8016	0.637	4576	0.363	12592
上缴税金	1516	0.766	462	0.234	1978
劳动者报酬	4107	0.765	1265	0.235	5372
资产总额	59261	0.526	53416	0.474	112677
固定资产原值	55687	0.560	43675	0.440	99362
固定资产净值	55307	0.559	43602	0.441	98909
负债总额	979	0.812	227	0.188	1206
资本金	8460	0.751	2800	0.249	11260

由表可见，全镇私营企业虽然数量相较于其他企业较少，但却从吸纳就业、总产值、营业收入、利润总额、上缴税金、资本金等方面大大超出其他的贡献，几乎占了全部总值的 75% 以上，凸显了边临镇"大上工业、上大工业"这条工业发展主线的成效。通过边临镇私营企业和其他类型企

业主要经济指标比较图，可直观表现出这种成效，直观民营经济在边临镇的经济地位及其对推动工业发展的重大贡献，如图3—1所示。

图3—1 2006年边临镇私营企业和其他企业主要经济指标比较

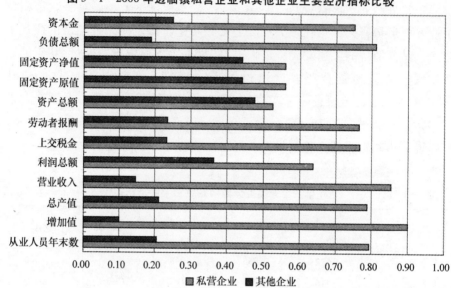

对于边临镇"大上工业、上大工业"的工业发展主线成效，也可从工业内部规模工业所占比重情形可见一斑，由表3—2所示。

表3—2　　　　2006年按产业类型划分的主要经济指标　　　　单位：万元

	工业		第三产业	总计
	所有工业	规模以上工业		
增加值	68195	9122	8509	76704
总产值	224633	26065	25493	250126
营业收入	200109	25333	20517	220626
出口交货值	1986	946		1986
利润总额	9704	879	2888	12592
上缴税金	1619	582	359	1978
劳动者报酬	4953	1312	419	5372
固定资产投资	66795	4016	13360	80155

　　由表可见，在所有工业增加值中，规模以上工业增加值比重占13.3%，上缴税金占35.9%，营业收入占12.6%，出口交货值占47.6%，体现了规模以上工业的外向型特征，规模工业正在成为引导全镇工业发展的主要力量，具体可如图3—2所示。

图3—2　2006年边临镇规模工业占工业的比重

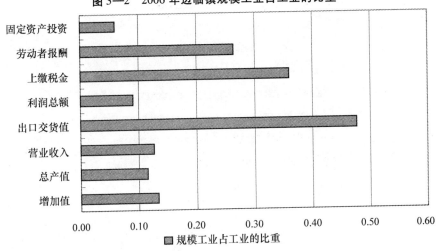

　　此外，由表3—2还可比较工业与第三产业的主要经济指标，从基本数值显示，边临镇第三产业还处于起步阶段，第三产业增加值仅占工业增加值的12.5%，总产值占11.3%，营业收入占10.2%，不过从上缴税金来看，占了工业值的22.2%，利润总额占了近30%，可从整体上判断目前边临镇第三产业发展虽还不够，但其利税水平高，有很大的发展动力和潜在空间，具体可如图3—3所示。

　　当前，边临镇工业不仅获得显著发展，而且全镇的工业发展还逐渐与小城镇建设、新农村建设结合起来，互相促进，一方面不断为工业发展提供市场和空间，一方面带动了边临镇的小城镇建设、新农村建设。

　　为此，边临镇采取了一系列实际可行措施，确定了抓好一大重点，增强两大园区，突出三大主线的工作方案，即以招商引资为重点，培植镇北工业园区和德东（边临镇）中小项目区以及突出木业加工、小城镇建设和个体工商业三大主线。具体而言是指：

　　（一）招商引资：为加大招商引资力度，制定了3145工程。所谓"3145"工程即是指培大培强工业园区内的骨干企业，搞好工业园区的净化、美化和亮化，吸引更多的高新技术产业项目入园；搞好建材销售市场和果品交易市场以及建设好集餐饮、娱乐、购物于一体的商品贸易市场，通过建设好四处市场进一步增强全镇的物流、人流和信息流。

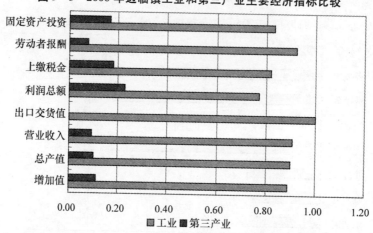

图3—3　2006年边临镇工业和第三产业主要经济指标比较

完善五项措施：（1）搞好小城镇建设，为发展经济提供载体，把边临镇南环、南二环和本环建成商贸大三角，建成商贸集散地。（2）大力招商引资。把招商作为各项工作的重中之重来抓，采取外出招商、网上招商等多种形式，到沿海城市和发达城市寻求合作伙伴。同时，为党委政府成员和一般脱产干部分配不同数额的招商引资任务，使人人身上有压力。把招商引资的成效作为考核提拔干部的重要依据。（3）加强对镇现有企业的管理。对镇现有企业，在保证其正常运转的前提下，深化企业改革，搞好技术创新，不断增强企业活力，挖掘企业的更大潜力。（4）搞好产业结构调整。调整优化第一、二、三产业之间的比例，大力发展第三产业。（5）抓好农村社会稳定。稳定是发展的基础，我们将会发挥和利用过去的好经验、好做法，夯实农村稳定基础，以稳定促发展。

（二）培植镇北工业园区和德东（边临镇）中小项目区两大园区。通过提升以管理上水平、技改加投入为重点的镇北工业园区的生产经营规模，来增强全镇棉纺织业的基础地位，充分发挥区域优势，加快德东（边临镇）中小项目区的建设步伐，坚持边建设边招商。

（三）通过突出三大主线来加快民营经济发展。一是坚持以木业加工为主要产业，在原有基础上，增强宏森木业这一龙头企业，逐步形成鲁西北的木业加工基地。二是发挥中心镇的优势，加快小城镇建设，抓好沿街商品房开发，同时把边临镇街南环、二环和西环建设成为商贸大三角，建设成有一定影响的商贸集散地。另外，在村级生产发展方面，紧紧围绕各村主导产业，制订相应的发展规划，做好全面规划的同时，引导各村走出一条具有自身特色的新农村建设之路。

综上所述，大力发展民营企业，培植工业园区，通过招商引资，壮大工业规模以及小城镇建设、新农村建设与工业发展相结合是边临镇推动工业经济发展的整体思路，经过多年摸索确定的全镇工业发展道路和工业发展主线，从实施来看，成效也相当显著，形成了边临镇属于自己的摆脱传统农业，向工业化迈进的工业发展模式和工业发展主线。

第 四 章

边临镇公共基础设施建设

公共基础设施建设是经济发展的先导性要素，为实现全镇生产发展、经济繁荣、农民生活的改善和收入的持续增加，边临镇非常重视和加强全镇的公共基础设施建设，从战略高度认识到了公共基础设施建设的地位和作用，是保证全镇经济快速发展的前提和基础，是提高农业综合竞争力，改善农村生活条件的保证，为此，在镇政府的组织与促进下，主要从农田水利基本建设、公共交通和道路以及农村公共事业建设等方面着手，使全镇的公共基础设施建设取得了不错的成绩。当前，边临镇已计划开发占地面积2000亩的开发园区，按照生活区、生产区、餐饮旅游区三个方面划分，投资2000万元来加强基础设施建设，使其达到"四通一平"，即通电、通水、通气、通暖、道路平整的标准，以进一步提升全镇的基础设施建设的档次。

第一节　农田水利基本建设

"水利是农业的命脉"，边临镇具有天然良好的水力条件，全镇水资源丰富，马颊河及马颊河故道均由边临镇西南至东北方向穿境而过，新老马颊河在镇南部交汇，流域面积大，上游蓄水给边临镇提供了有利的水源。而正是由于边临镇地处马颊河引黄上游，镇属三处扬水站配套设施完备，引黄条件较好，引水条件得天独厚，引水排涝工程配套较好，因而群众对黄河水的依赖性较强；但如果黄河断流，又遭旱情，原有机井年久失修，则农业生产又会受到严重威胁。另外，由于边临镇不仅地表水条件好，地下水源也很丰富，完全有条件"以井保丰，以河补源"。因此，为防患于未然，加强农田水利基本建设，提高全镇增强抗大旱，抗久旱的能力，镇政府大力组织发展了井泉建设。

边临镇虽然引黄条件较好，但却由此也造成了群众对黄河水有较强的依赖性以及在井泉建设要上劳出资的顾虑等不利因素，使得部分农民对农田水利建设缺乏热情，因此，如何动员群众，完善政策，强化措施，明确责任，强化领导以及处理好相关利益关系，是镇政府搞好农田水利建设的重要内容。为此，边临镇政府采取了相应措施，取得了良好成效。

一 搞好宣传发动、统一思想、提高认识

为了充分调动农民打井的积极性，镇政府始终把宣传发动放在首位，引导群众克服麻痹思想，坚定搞井泉建设的决心。首先，先后几次在井泉建设搞的比较好的西张、东华等村召开了现场会，让群众真正意识到井泉建设对农业丰收的决定作用。其次，利用宣传车、广播喇叭、聘请县水利局的专家讲课等多种形式，宣传气候干旱的可能，黄河水可用但不可靠的现实，只有靠井泉建设，才能夺取农业丰收，实现农民增收。引导他们克服靠天等雨、靠河等水的麻痹思想，并利用宣传栏、调频广播、张贴宣传标语等形式，动员广大干部群众打井抗旱。

二 正确处理农田水利建设与减轻农民负担的关系

针对部分群众在思想上存在上劳出资就是加重农民负担的认识，镇政府及时将国家的有关法律、法规及农民负担政策复制成录音带，出动四辆宣传车到各村巡回宣传，并组织全体脱产干部进入到村户给群众讲清政策，做好细致的说服教育工作。另外，在物质上，也给予井泉建设一定的补助。除了县补助的每眼井1000元之外，镇党委政府还规定：每新打1眼井，镇财政给予500元的补助。

三 搞好典型引路，树立干部群众搞好井泉建设的信心

边临镇西张树原来是一个靠黄河水吃饭的村子，党支部、村委会一班人审时度势，防患于未然，鼓励群众打了5眼机井，在面对旱情来临时，5眼机井发挥了巨大作用，全村200亩玉米5天就能普浇一遍水，农作物大旱两年无旱现象，不但没有减产，而且还取得单产800斤的好收成。镇

政府紧紧抓住这一典型，组织全镇村干部及部分群众到该村现场参观，使群众充分认识到要真正解决抗旱问题，就必须抓好井泉建设，坚持"两条腿走路，实行'以井保丰，以河补源'"原则，使全镇广大干部群众自觉投入到农田水利基本建设中去。

四 完善政策，强化措施

为有效地激发广大干部群众搞好农田水利建设的热情，加快全镇农田水利基本建设的步伐，边临镇政府突出抓了三点工作：

首先，进行科学安排规划。根据边临镇的实际情况，在认真调查研究，反复论证和征求群众意见的基础上，搞好规划设计，使规划真正具有操作性和可行性，具体做到两个结合：

一是引黄补源与井泉建设相结合，对三处扬水站进行全面检修，并对马才沟、一号路沟等公路沟进行清理，以保证只要来黄河水，就能及时把水送到群众田间地头。与此同时，为保证全镇井泉的布局合理化，充分发挥井泉的作用，镇政府按照每50亩地一眼井的标准进行规划，由分管书记带队，城建、土管、水利等技术人员组成的测量专业队到各村各地进行实地考察；并有组织、有领导，选派脱产干部包村、包管区，负责联系井的设备及物料，对包村的脱产干部天天调度，要求脱产干部对所包村庄的地亩数，原有机井数及新打机井数及时汇报，打一眼，报一眼。另外，对地势高的村，还从县水利局聘请专业技术人员进行水位、沙质等方面的测量，确保打一眼，成功一眼，发挥一眼的作用。

二是坑塘建设与发展淡水养殖相结合。为便于城镇改貌工程取土，本着"综合利用，合理开发"的原则，把边三村50亩荒碱洼地和东华、夏庄废弃的千亩藕池进行开挖，改造成"丰蓄枯用，上农下渔"型的高产高效鱼塘、藕池，实现一水多用。

其次，制定完善的优惠政策。由于打机井投资较大，一家一户难以承担，并且有些群众担心土地承包关系会变，思想顾虑较大，针对这种情况，镇政府一方面积极宣传中央确定的土地承包关系延长30年不变的政策，给群众吃"定心丸"；一方面急群众所急，办群众之所需，搞好资金扶持，在镇财政比较紧张的情况下，以每眼机井补助800元的优惠政策，鼓励群众股份参与，联户筹资打井。1997年全镇从企业收入中拿出24万元，扶持打井300眼。2000年以来，为了切实加强农村和农田水利建设，镇党委政府做了三个方面的工作来加以落实：

一是通过落实每打一眼井镇上补贴 500 元钱，实行股份制等形式，总投资 40 万元，新打机井 160 眼，实现了每 50 亩地一眼井。

二是投入 30 多万元的专款保证范桥、魏集、东华三处扬水站及时提水。

三是投资 40 万元，动土 20 万亩为水利条件差的南北辛管区和生金刘管区开挖了总长度为 5000 米的引水渠，夯实了全镇农业丰收的基础。

第三，强化措施抓好质量。由于水利建设是兴利除弊，造福于民的一件大事，但投资大，使用期长，工程的质量就是农田水利建设的生命线，因此，在井泉建设质量验收中，镇党委政府专门成立由一名分管副书记任组长的井泉建设验收小组，每眼机井必须经过分管书记亲自验收，达不到标准的不予验收兑现，从而把住井泉建设质量关。

五　明确责任、强化领导

为保证农田水利建设顺利开展，边临镇成立了由党委书记任总指挥，三名副书记任副总指挥，下设由水利、公安、法庭、城建、土管、财政等部门负责人为成员的农田水利建设指挥部，在井泉建设上，实行了党政成员包管区，脱产干部包村，村干部包地块责任制，层层签订责任状，将井泉建设作为评先评优，年终考核的重要指标，并与脱产干部及村支部书记的工资挂钩，按完成任务的质量、速度，考核验收后给予奖惩兑现，同时，还上门聘请县水利局的同志一天 24 小时盯在工地，给予技术指导。

在边临镇政府以上五个方面措施的实施下，全镇井泉建设取得突破，1995 年全镇动土 200 万方，完成了尤庄、仁义店、前华、后华、簸箕王、后桐、桥下李、西华等一批输水和一号路至九号路公路沟清淤工程，以及尤庄、仁义店等 6 条沟渠开挖工程，打机井 155 眼，塑料真空井 400 眼，并投资 20 万元，扶持新打机井 400 眼，改善了农业灌溉面积 2 万亩，为统一浇水服务奠定了基础，使全镇通自来水的村庄达到 30%。到 1998 年又打机井 616 眼，有效灌溉面积达 3100 公顷。1999 年全镇又投资 10 万元，新打机井 160 眼，基本达到了每 50 亩地 1 眼井，投资 20 万元为南北辛管区开挖了引水渠，为农民发展生产创造了优良环境，解决了菜农的后顾之忧，提高了农业综合生产能力，增强了农业发展的后劲和抵制自然灾害的能力。2000 年 1—6 月份，全镇新打机井 168 眼，7 月全镇又新打机井 174

眼，到 2000 年 7 月底，全镇机井总数达 1050 眼，提高了全镇抗大旱，抗久旱的能力。

第二节 公共交通和道路建设

除了大搞井泉建设，加强农田水利建设外，边临镇政府还一直注重全镇的公共交通和道路的基础设施建设，在促进经济发展的同时，改善了全镇的生产、交通条件。

早在 80 年代，镇政府就注重生产、交通等基础设施的建设。1985 年全镇农业机械总动力达 11238 马力，机耕地面地达到 31456 亩。全镇共动土方 26 万方，新挖沟渠 11 条，新建扬水站等建筑物 4 座，扩大和改善了灌溉、排涝、改减面积 4000 亩。

在公共交通方面，边临镇加强了道路及配套设施建设，加快了村村通油路建设步伐。2003 年，全镇共铺设油路 44 公里，全镇驻地城镇道路总体规划了"三纵四横"七条主要道路，在完成"二纵二横"的基础上，年投资 550 万元完成剩余的"一纵二横"三条主要道路建设，使公共道路总长度达到了 25.6 公里，路面宽度达到 6 米，全部达到路面硬化，并根据道路建设的实际，投资了 100 万元在道路两旁安装高标准路灯及配套装置。与此同时，还在沿路两旁投资 150 万元搞好绿化带建设，引进一些观赏性强的花草及长青灌木，使城镇绿化率达到 34%。

更为值得一提的是，为了加快边临镇小城镇建设步伐，镇政府对全镇道路建设进行了全面规划，使全镇公共基础设施建设迈上了一个新台阶。

在道路建设上，工程预算投资达 3025.6 万元，实施了Ⅰ级路面 4 条、Ⅱ级路面 11 条和Ⅲ级路面 3 条的建设以及完善道路骨架工程及硬化路面、安装了路灯，绿化、美化、给水、排水等设施建设的规划，具体情况如下：

（1）Ⅰ级路面四条，硬化路面及配套设施建设，工程预算投资 1042.5 万元。

中心路从南内环到生产道。长度 1400 米，宽 40 米，按两块板断面形式布置，硬化路面、路灯、绿化、给水、排水等设施建设，工程预算投资 336 万元。

市场街从德宁公路到东内环。长度 900 米，宽 30 米，按一块板断面形式布置、硬化路面、路灯、绿化、给水、排水设施建设，工程预算投资162万元。

文化路从南内环到生产道。长度1400米，宽30米，按一块板断面形式布置，硬化路面、路灯、绿化、给水、排水设施建设，工程预算投资252万元。

南内环从1号路到东外环。长度1230米，宽40米，按二块板断面形式布置，硬化路面、路灯、绿化、给排水、设施建设，工程预算投资292.5万元。

（2）Ⅱ级路面11条，硬化路面及基础设施配套建设，工程预算投资1573.5万元。

广场街从文化路到东内环。长度为670米，宽为15米。按一块板断面形式布置，硬化路面、路灯、给排水、绿化等设施建设，工程预算投资40.2万元。

政府前街从文化路到东内环。长度为670米，宽为15米，按一块板断面形式布置，硬化路面、路灯、给水、排水、绿化等基础设施建设，工程预算投资40.2万元。

东外环路从德宁路到万亩方。长度2090米，宽15米，按一块板断面形式布置，硬化路面、路灯、给水、排水、绿化等基础设施建设，工程预算投资110万元。

生产道从1号路到中心路。长度800米，宽20米，按一块板断面形式布置，硬化路面、路灯、给水、排水、绿化等基础设施建设，工程预算投资64万元。

发展路从乡镇驻地到马颊河。长度2640米，宽15米，主要是按照Ⅰ级路面的要求打好基础，硬化路面，搞好绿化及相关的道路配套建设，工程投资预算138.6万元。

陈文公路从乡镇驻地到陈文沟，长度2620米，宽15米，近期规划按照Ⅰ级路面的要求打好基础，硬化路面，搞好绿化及相关的道路配套建设，工程建设预算137.6万元。

郭庄路从陈文沟到军高路。长度5920米，宽15米，按Ⅰ级路面的要求打好基础，硬化路面搞好绿化及相关道路配套建设，工程预算投资261.9万元。

军高路从郭庄路到尤庄。长度6110米，宽15米，按Ⅰ级路面的要求打好基础，硬化路面，搞好绿化及相关道路配套建设，工程预算投资275万元。

魏庄路从郭庄路到张明还。长度 3180 米，宽 15 米，按照 I 级路面的要求打好基础，硬化路面，搞好绿化及道路的配套，设施建设，工程预算投资 143 万元。

于庄路从郭庄路到王陈村。长度 4100 米，宽 15 米，按照 I 级路面的要求打好基础，硬化路面，搞好绿化及道路配套设施建设，工程预算投资 184.5 万元。

一号路从胡文路到工业园区。长度 3400 米，宽 15 米，按照 I 级路面的要求打好基础，硬化路面，搞好绿化及相关的道路设施建设，工程预算投资 178.5 万元。

（3）III 级路面 3 条，硬化路面及基础设施建设，预计工程投资 409.6 万元。

政府后街从文化路到东内环。长度 670 米，宽 7 米，搞好路面硬化及给水、排水和路灯建设，预计工程投资 28 万元。

胡文路从陈文路到胡家寨。长度 5100 米，宽 8 米，按 II 级路面要求打好基础，硬化路面，搞好绿化等道路配套建设，预计工程投资 81.6 万元。

东华路从德宁路到邢庄。长度 3000 米，宽 8 米，按 II 级路面要求打好基础，硬化路面，搞好绿化及道路配套建设，预计工程投资 48 万元。

第三节　农村公共事业建设

除了在农田水利建设和公共道路建设方面有所成就外，边临镇也一直未忽视对农村公共事业的建设，通过加强集市商贸市场和蔬菜批发市场建设，通信与自来水工程建设，敬老院和卫生院等方面的建设，方便了全镇村民的日常生活，改善了全镇村民的生活条件。

（一）早在 1995 年，边临镇全镇就实现了 30% 的村通自来水。当前，为实现城区生产、生活统一供水，镇政府投资了 300 万元，成立自来水公司，新建了自来水厂，使全镇日供水量达 1000m²，完成了"户户通自来水"工程，使安全卫生水的普及率达到 100%。与此同时，为保证全镇农民的生活起居卫生，还实施了排水管网建设，加强了给排水整体设施，将全镇农户户厕改造为封闭式无害化处理厕所。此外，为搞好排水管网建设实现雨污分流，镇政府还投资 900 万元，新建了排水管网 150 公里，新建日处理污水 300 吨的污水处理厂，进行污水集中处理，统一排放，使全镇达到了中水回用、资源共享的目标。

（二）为了充分方便全镇村民的日常生活，边临镇还在中心商贸区域，投资 500 万元，新建了集餐饮、商贸、住宿于一体的综合贸易市场，占地面积 30 亩，以商品超市、上室下店为基础风格，形成人流集中的便民商贸场所；另外，还投资 300 万元新建果品蔬菜批发交易市场，建筑面积 1 万平方米，500 个摊位，市场内建设 100 吨恒温库及物流配套设施。

（三）在农村公共事业建设方面，保证了全镇文体大院、图书室、阅览室、篮球场等公共场所的文体活动设施完整齐备；大大改观了全镇的通讯条件，发展了通讯电力设施，实现了村村通电话，并消灭了无电村，使全镇有线电视入户率达 90% 以上，电话普及率 90% 以上。此外，依托陵县民政部门支持，扩大了边临镇敬老院规模，建成了 3 栋 2 层楼房，60 个房间，设置了卫生室、娱乐室、浴室、活动室等老年活动场所，安置老人 160 人，让他们享受到天伦之乐。

在卫生事业建设方面，为实现"小病不出乡镇"的目标，在陵县政府支持下，边临镇实现了与陵县人民医院共享设备和人才资源的要求，改造了边临镇卫生院，并按陵县人民医院分院机制运行，使边临镇中心卫生院与郑寨、滋镇、义渡口乡、宋家镇中

边临镇中心卫生院及陵县中医院边临镇分院

心卫生院一道构成了以陵县人民医院为龙头，五处乡镇中心卫生院为重点的城乡医疗卫生网络。

除了边临镇中心卫生院外，陵县中医院还在边临镇开办了一所分院，两院共同构成了一所拥有现代医疗设备，中西医结合的边镇医院，如图：

另外，为了解决群众看病难、看病贵的难题，便于村民监督，边镇医院全部实现了药品价格和手术费用标准公开的制度，并制定了药品公开栏以及各项手术费用标准的公开栏（如下图），此举不仅保证了村民放心看病，还保障了全镇村民享有初级卫生保健及合作医疗，保障了全镇95%以上的村民享有社会保障制度。

边临镇中心卫生院药品价格及手术费收费标准

（四）为了丰富全镇居民业余生活的需要，边临镇还建设了两处占地总面积60.8万平方米高标准的、能代表边临镇形象的公园，即城南公园和千亩藕池园，具体情况：

一是城南公园，占地面积6.8万平方米，建设了相应的建筑设施，出入口、儿童游乐、茶座、售货亭、照相馆，搞好绿地建设以及点缀供人们观赏的雕塑、园林小品及供人们休息需要的亭、廊、轩、榭等园林建设。二是千亩藕池园，占地面积54万平方米，设计平均水深1.2米，周围建筑水泥板护坡、溢水口、进水口、边际绿化及书报亭等服务设施。两个公园各具特色，成为边临镇居民一个优美的娱乐场所。

（五）加强了村镇建设，按照统一的建设标准，全面的布局，对全镇村庄建设进行了统一规划，使得村镇房屋建设整齐划一，公益设施齐全，基本消灭了土坯房，使人均住房面积超过10平方米。此外，还全部硬化和畅通了全镇各村的进出道路和主要街道，并且对主要街道全部实现了绿化、美化，使全镇村庄林木覆盖率达到40%以上，村庄自然环境优美。

硬化畅通的村进出道路

第 五 章

边临镇文化教育事业

边临镇社会文化教育事业发展态势一直很好，早在 1985 年全镇学龄儿童入学率、巩固率、毕业率、普及率就分别达到了 99%、98.5%、96% 和 95%。多年以来，边临镇延续了教育事业发展的良好势头，在镇政府的重视和支持下，努力在加强教师队伍建设，尊师重教，提高教师的社会地位、待遇，资助困难学生，制止辍学率以及校舍建设等方面下工夫。到 90 年代中期，在全面实现"两基"目标，即基本普及九年制义务教育和基本扫除青壮年文盲的目标指引下，全镇在教育投入、制度建设、校舍建设等多方面再下大力，提高与巩固了"两基"成果，使全镇的教育事业又进入一个新的发展阶段。

第一节 教育投入与普及义务教育

实现基本普及九年制义务教育和基本扫除青壮年文盲"两基"目标的根本基础在于加强教育投入，没有教育投入，普及义务教育难以达到预期的目标，往往导致学生辍学率攀升、农村中小学的危房比例回升、拖欠教师工资等与初衷背道而驰的现象出现，边临镇为提高"两基"成果，在教育投入与义务教育普及方面做了大量工作。具体而言，主要体现在以下三个方面：

一 加强教育投入

为因地制宜，保证教育投入，边临镇的主要措施是实现教育经费的

"三个增长"，即政府对教育财政的拨款的增长高于同级财政的经常性收入的增长；在校学生人均教育经费逐步增长，以保证教师工资和学生人均公用经费逐步增长以及生均公用经费和教师工资逐年增长。如在政府对教育财政的拨款的增长高于同级财政的经常性收入的增长方面，1996、1997年和1998年边临镇财政经常性收入分别为290万元、305万元和312万元，而财政对教育的投入款，1996年95.98万元、1997年101.2万元、1998年107.6万元，分别比上年增长5.1%、5.4%、6.3%；又如保证教师工资和学生人均公用经费逐步增长方面，1996、1997年和1998年边临镇小学生均教育事业费分别为176.48元、180.2元和185.7元，分别比上年增长1.9%、2.1%和3.1%。初中生人均教育事业费1996、1997年和1998年分别为258.41元、270.4元和281.3元，分别比上年增长3.7%、4.6%和5.2%；对于生均公用经费和教师工资的逐年增长，1996、1997年和1998年边临镇生均公用经费，小学生分别是36.91元、38.27元和39.02元，中学分别是68.82元、69.98元和70.17元，达到了所要求的标准，并做到了逐年增长。

此外，为增加教育投入，边临镇还加强了教育费附加的"征管用"。对于农村教育附加实行"乡征、县管、乡用"。教育附加的征收、管理、使用制度完善，专款专用。如1996年应征93.93万元，实征93.93万元，征收率100%。对于民办教师工资，自1996年达到农民人均收入的1.8倍，月工资262元，并按时发放中小学公民办教师工资，从未拖欠教师工资。1997年镇财政还投资10万元为镇教委新建了办公室，改善教育环境，并在每年教师节拿出近万元奖励教师，调动教职工的工作积极性。

与此同时，边临镇政府还根据《教育法》第五十九条"经县级人民政府批准、乡、民族乡镇的人民政府根据自愿，尽力的原则，可以在本乡政区域内集资办学，用于实施义务教育学校的危房改造和修缮、新建校舍不得挪作他用"之规定，在全镇依法、自愿、量力的原则下，加强了教育经费的集资，鼓励并规范教育集资，增加教育投入。

二　制止辍学，普及义务教育

要普及义务教育，关键在于制止中小学生的辍学，为此，边临镇依法治教，对教育事业进行了外部管理和内部管理，千万百计控流保学，并规定镇、村两级在开学前后要集中一个月的时间来组织学生入学，对故意不送子女就学的家长、雇用童工的企业负责人依法予以惩处。此外，还建立特困学生救助专项经费，集中用于解决特困生入学的问题。对家庭经济困难的残疾儿童的入学，民政部门还要给予一定的生活补助。此外，为依法保障少年儿童受完规定年限的义务教育，镇政府特还制定了制止中小学生辍学的规定，从四个方面严控中小学生辍学现象，以巩固提高普及程度。

一是实施"一把手负责"的"控流"责任制，坚持政府保学、学校包学、家长送学、社会助学的分工责任制。如每新学期开学初，镇教委就召开单位校长、学校班主任会议，解决好免除特困家庭子女在中小就读学校除书本作业费外的一切费用的事宜，并要求学校主动进行调查摸底，对确系家庭困难的学生实行免、减、缓交杂费，确保这些困难学生的学习不受影响。此外，要求村委会对该单位家庭生活特别贫困的农村中小学生给予照顾，保证这些在校中小学生不因家庭经济困难而辍学；还号召全镇中小学校积极开展手拉手、献爱心等救助活动，号召全体师生为家庭特别贫困的子女捐款等，以确保所有特困家庭的适龄儿童和其他中小学生一样接受九年制义务教育。

二是把住关口、堵住流生，防患于未然。首先是把住小学升初中关，一方面严格控制教材征订单及购买课辅材料，减少流失因素；另一方面，对每一届初中一年级的学额情况按小学毕业生名单逐一核实新生报到情况，查明情况，采取对策及时补救。再就是把住初二分化关，给初二配备精干的科任和班主任，大面积地对初二学生进行家访，使学校与家长协同配合，降低分化程度，保证学额巩固率。最后把住初中毕业前这一关，通过办分流和进行校际巩固率评比等办法来激励和控制，发现放任自流的学校要进行严肃处理。

三是依法制止学生辍学，以法律手段强制动员辍学学生复学。规定父母或其监护人必须使适龄儿童的子女或被监护人按时入学，并受完规定年限的义务教育，并由义务教育的学校协助当地政府来监督这一法律责任的履行。规定在校学生无故不到校上课，班主任应在3天内进行第一次家访，查明原因。若学生无辍学的意向，由班主任根据情况自行处理；若学生有辍学意向时，班主任应及时报告校长，并进行第二次家访，向家长宣传《义务教育法》和地方政府的有关规定，做细致的动员工作，帮助解决一些实际问题或者建议镇政府帮助学生解决困难，敦促学生到校。第二次家访无效时，学校派校领导再做一次家访，宣传有关义务教育的规定，再次督促家长送子女复学。如果学生坚持学习确有困难的，因特殊情况需要延缓入学或免予入学，要求申请退学者，需由家长写出书面申请，并附有相关证明，并经镇村两级政府盖章同意，学校方可予以研究。

此外，要求严格控制办理退学证。如果父母不履行送子女入学义务，校长应向镇政府报告，由镇政府指派专人约见学生家长，宣读解释镇政府的有关规定，递交《责令复学通知书》，责令其马上送子女复学。并根据《中华人民共和国义务教育法实施细则》第十三条规定："经教育仍拒不送子女或者其被监护人就学的，可视具体情况处以罚款，并采取其他措施使其子女或者其他被监护人就学"，对一周内仍不复学的，对拒抗不送子女入学的家长分别处以1000—1500元不等的罚款，只要送子女入学，罚款即可减少或退回。如果罚款后，当人还不执行处罚决定，依据《细则》第四十三条规定："由做出处罚决定的机关申请人民法院强制执行，或者依法强制执行。"

对于部分家长的子女未经批准就弃学就工的，甚至为了眼前利益让正在接受义务教育的学生退学到乡镇企业上班挣钱或者辍学在家帮父母做生意的，镇政府将依据《义务教育法》第十五条第二款及规定："对招用适龄儿童、少年就业的组织或个人由当地人民政府给予批评教育，责令其停止招用；情节严重的，可以并处罚条款，责令停止营业或者吊销营业执照。"严肃处理，并聘请公安、工商、劳动、法庭等部门的人员参与管理，罚款1000—1500元不等，以示警告，维护《义务教育法》的尊严。

四是严格履行适龄儿童就学问题的义务和职责。规定学校要严格履行适龄儿童就学问题的义务和职责，杜绝为提高升学率，把学习成绩差的学生赶回家以及无正当理由拒绝接收儿童、少年就学的现象，对此违法行为，将根据《实施细则》第三十八条规定："该校的有关责任人员应受到行政处分。"

三 搞好中小学布局调整和校舍配套工作

为了促进九年制义务教育的普及，抓好小学阶段的普及工作，边临镇规定全镇7—12岁儿童入学率要达到99%以上，12—14周岁的儿童普及率要在95%以上，入校生的巩固率要在97%以上，就业率要在90%以上。

对于学龄前儿童，镇政府规定学龄前儿童要组织入幼儿园，要求各村都要建立幼儿园、育红班，保证儿童入园最低要达到70%，并对幼儿园建设提出较高要求。

边临镇金太阳幼儿园

为此，建立健全了镇教委、学校、村三级的义务教育档案，层层实行目标责任制，促使适龄儿童全部入学，对适龄儿童无特殊情况而不入学的，由党委、政府按《中华人民共和国教育法》执行。此外，对于初中阶段的义务教育，规定全镇小学六年级毕业班一律要全部升入新建中学学习。

第二节　教育工作的规范化管理

为全面实现"两基"目标，除了加强教育投入，采取措施制止辍学外，边临镇还对全镇教育分别在科学化管理、教学质量、学校常规管理以及德育工作等四大方面进行了一系列的规范化管理，进一步推进了全镇素质教育和提高了全镇学校的教学质量。

首先，为实行科学化管理，边临镇从严抓教师队伍管理上着手，并从九个方面设立了相关规章制度，以调动广大教师的积极性。

1. 每学期教委对全镇中小学教师工作进行全面的不定期检查，通过听汇报、听课、看校容、校貌、各种表册以及教学计划、备课批改、学生作业、访问教师与学生、召开座谈会等各种形式检查教师教学状况，以发现典型，总结经验，找出不足，解决问题。

2. 坚持每星期五召开校长例会，每星期六进行学区、联中例会制度。

3. 严格执行镇《中小学教师量化管理实施规则》，并依据实情，不断修改完善。

4. 进一步完善教师考勤制度。要求全体教师严格执行文教统一规定的作息时间，上、下课，放学不得随意改动。小学单人的学校由教师本人、凡两人或两人以上的学校，由学校负责人每周向学区校长汇报一次考勤情况。学区、中学校长每月将本单位考勤表全部交文教。各校实行教师每天签到制度；事假、请假一天，小学教师要亲自向学区校长请假；联中教师要向联中校长请假并写请假条；请假两天以上者要亲自向文教请假。文教负责人请假五天之内，向分管书记请假，五天以上向第一书记请假，无故旷工一天罚款10元，产假按上级规定，要求各级教学负责人必须坚守工作岗位，对影响工作的，严肃追究责任。

5. 坚持贯彻执行《德州地区中小学管理水平评估试行标准》和《陵县乡镇教育水平综合评估试行》的规定，要求各校每学期按标准认真搞一次自评，肯定成绩，找出不足，订出解决措施，由镇教委每学年对全镇教师考试一次。

6. 抓好各校的起始年级教学，要求中、小学不能只抓毕业班，还要注重低年级教育，层层把关，加强低年级的教师力量。

7. 严格学籍管理，规定小学生在小学阶段最多只留级一次，留级单位控制在5%以内。初中阶段只能留级一次，留级率控制在5%以内，初中三年级不准留级。

8. 中、小学任课教师实行循环制度，小学一年级任教的老师要一直送到四年级，五年级任课的要一直送到六年级毕业，初中从初一接收要一直送到初三毕业，对不能胜任的初中老师，五、六年级教师可进行调整。

9. 加强对师资队伍的管理。凡学历不达标的教师，一律参加各种类型的学习，尽快提高全镇教师政治业务的整体素质，学历达标率要达到国家要求；对工作不认真，无事业心、教学成绩一学年连续两次期末倒数第一、班级管理较差、不按规定坚守岗位、群众反映比较大的教师，必须停职检查，参加不合格教师培训班，培训班期间工资按原工资的50%发放。

其二，为努力提高教学质量，建立了以教学为中心的各项制度，分别从建立各级各类教研组织、坚持听课制度以及定期组织中、小学各年级竞赛活动等五个方面具体组织实施。

1. 由镇教委教研室具体负责，分别建立健全了小学和中学教研组织，具体如下：

小学教研组组织形式是：1—4年级以学区为单位设教研组一个，设组长一人，副组长一人，学区校长靠上抓，正副组长具体抓，各年级教研组由学区教研组负责具体安排领导，每周活动一次。五、六年级教研组由全镇统一组织，由七人组成，负责全镇五、六年级教研工作，活动时间安排，计划内容形式，由五、六年级教研组与教研室共同安排。

中学教研组设语文、数学、理化、英语、政治、史地生六个教研组。每个组设正副组长各一人，根据本学科实际情况，制订出教研工作计划，每两周活动一次，中、小学各教研组均受教研室领导，各教研组长定期向镇教研室每月汇报一次。学期末各组都要写出总结，上交教委。

2. 为了步调一致，便于管理和考察，要求全镇教育在作息时间、课程设置、教材进度、备课要求等七个方面实现统一。

① 作息时间统一，全镇各样作息时间由教委统一制订，发至各校。

② 统一课程设置，全镇中小学一律按教学大纲设置课程，开设全课程，开足课时，使学生德、智、体、美、劳全面发展，不得随意砍掉课程。

③ 统一教材进度：各年级课程进度都要统一安排，开学第一周内，各教研组根据教材分量大小，时间长短，难易程度，制订出切实可行的进度，经审查，印发各任课老师。

④ 统一教师备课：中小学各年级凡有教材的学科，都要有备课本，批改手册，成绩册（包括期中、期末、平时考试成绩）。作文要单设备课，批改本。初中代数、几何备课、批改要分设，备课本统一购置。

⑤ 统一备课要求：中小学各科必须有总备、单元备、课备。备课要有教学目的，要求，教材分析，重点、难点，课时安排等几个环节。课时备要有本课时的教学目的和要求，重点、难点教学过程，本课时小结，作业布置等环节。作文备课要按命题根据、文章体裁、参考资料的选择、指导提示、注意事项等环节备。小学每周一篇作文，初中隔周一次。

⑥ 统一作业批改要求：

A：对学生作业教师要做到全批全改。批改及时认真，有针对性，要标明优、劣等符号。批改要有日期，有简单指导性强的批语。鼓励学生改正缺点，巩固知识。

B：语文至少每课批改一次。政治、历史、地理、生物、自然等科每课时批改一次。作文要全批全改，要有总批、眉批等。批语要求有针对性，恰如其分，有实际指导意义，批改字迹要工整。

C：数学、理化、英语每课时批改一次，做到当天作业当天批。

⑦统一安排考试：每学期期中、期末两次考试教委统一安排布置，初中招生，初三毕业生预选，教委统一安排。各年级考试成绩全镇统一刻印成绩册，发给各校，各大队，取得各方支持和监督，增加教育透明度。

3. 坚持听课制度，要求学校从校长到教师都要坚持听课，通过听课、评课发现人才，评出优质课，促进全镇中、小学课堂教学水平的提高。教委人员、联中校长、学区校长每周听课不少于2节，教师互相听课每周不少于1节，都要求有听课记录本，每学期要检查1到2次。

4. 定期组织中、小学各年级竞赛活动，调动教与学的积极性，检查教学成绩。要求小学1—4年级由学区统一组织，每学区组织一次，五、六年级、初一、初二由文教统一组织竞赛活动，每年一次。初三毕业班除迎接县举办的竞赛学科外，全镇不再单独搞竞赛活动。初三在本镇的竞赛与预选同时进行，全科竞赛以预选成绩为准，全年一次。中、小学升学成绩每年公布一次，对于竞赛和升学，镇教委均按《教学管理、整顿改革方案》指引，统一给予精神和物质奖励。

5. 加强教学基本训练，要求教学语言要简练、标准、准确无语病；板书工整、清楚、有条理；要求充分利用教具加强直观教学，提高教学效果；积极组织教师大练普通话以及毛笔字、钢笔字、粉笔字的基本功，并每年组织一次比赛，提高教师素质。

其三，从搞好文体活动、环境卫生和个人卫生以及财务管理、校内安全等七个方面加强学校常规管理。

1. 各校搞好文体活动。每年"六一"儿童节，全镇组织一次大型文娱活动，每逢节假日各校都要搞一些小型活动。

2. 培养学生集体观念，要求无论班级多少放学一律站队。教师总结一天的情况，每天坚持点名，学生的课外活动要丰富多彩。

3. 搞好环境卫生和个人卫生，美化好校园，种树、种花。教室校园要天天打扫保持清洁。要求各校根据本校实际情况，制订切实可行的规章制度。

4. 搞好规范布置办公室、教室、少先队、团员活动室，要求表册齐全，室内布置合理，美观大方，内容充实，逐步配齐各种器具。

5. 切实做好各校师生的安全工作，要求采取措施、建立制度，加强校内安全。

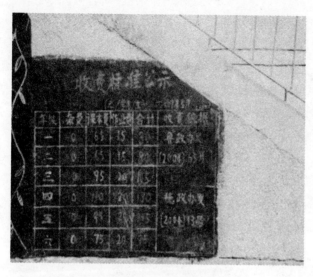

边临镇教育收费标准

6. 要求各校都要有专人值班，做好护校保卫工作，确保学校不受财产损失，对于因失职而造成的损失由本人负责，严肃处理。

7. 按照镇教委制定的财务制度，执行财务管理。要求除上级规定和教委统一布置的收费标准外，任何学校和个人不准私自乱收费，实现教育收费公开制度。对于需要另外收费的，规定要经教委研究批准，否则一旦发现，原数退回，并加倍罚款。对少报学生的学校和个人，少者加倍罚款，多者按贪污论处，必要时教委将根据每个学校，每个老师的执行情况给予评分。

其四，加强对学生的德育工作，为此作了六项规定。

1. 小学要认真落实《中华人民共和国教育法》、《义务教育法》、《教师法》；坚定社会主义办学方向，树立正确的学习风尚，树立新的教育观，新的人才素质观，变应试教育为素质教育，变升学竞争为办学公平竞争，保障学生德、智、体、美、劳全面发展。学校的教育和教学的全部过程中都要渗透德育，使德育工作制度化，经常化，规范化。认真贯彻"两纲"、"两范"，各校要坚持升国旗，唱国歌制度。不断总结交流学校德育工作的经验，形成学校、社会、家庭齐抓共管的德育工作局面。

2. 加强德育工作的领导，实行校长负责制。联中、学区校长靠上抓，镇教委团委书记、总辅导员具体抓，各联中、学区建立健全团支部、少先队、辅导员组织。设团支部书记、辅导员各一人，负责本学区、联中的团队工作。团员多的班级要设立团支部，较少的建立团小组，每所小学要有一名教师任少先队辅导员。在镇团委的直接领导下，由团委、团支部、辅导员、班主任、政治教师组成一个思想政治工作队伍网络。各校都要根据形势需要，制订出切实可行的团队计划，定期活动，要有组织、有形式、有内容、有布置、有检查、有评比、有表彰。团委、总辅导员每月召开一次团支部书记、辅导员通报会。

3. 文教党支部要每学期召开一次党员会，每月一次支部委员会，发挥党支部的战斗堡垒作用和党员的模范带头作用。

4. 要求班级建立好人、好事记录本，班主任每周总结一次，每学期要评选、表彰一次三好学生，优秀干部，学雷锋积极分子，镇教委、学区、联中要根据实际情况订出各自的活动计划。

5. 加强对学生的法制教育，使学生从小就学法、懂法、守法。要求初中各年级上好政治课，小学上好思想品德课，坚持每周的班会制度，加强以学校教育为主体，学校、家庭、社会三位一体的德育网络建设，形成全社会关心青少年健康成长的新局面。学校通过家访、家长会等形式，主动加强学校与家庭、社会的联系，主动争取他们的支持与配合，共同努力，优化育人环境，每学期请司法、公安机关的同志做法制教育报告。

6. 开展各种庆祝活动，深化思想政治工作。要求每年的"七一"、"五四"、"六一"、"九一"四个节日以学区、联中为单位组织活动，教委要组织具有一定规模的庆祝活动并充分利用黑板报、壁报栏、宣传栏、图书室等阵地，开展丰富多彩的政治活动，启动教学工作的活力。要求各校根据自己的实际情况制定校训、校纪，突出思想教育，规范学生言行，启迪学生健康成长。

第三节　边临镇的"两基"工作成果

在教育投入、教育工作的规范化管理以及制度建设等多方面努力下，边临镇基本普及九年制义务教育和基本扫除青壮年文盲的"两基"工作，提高并巩固了"两基"成果，经过三年"两基"工作的巩固提高，边临镇的教育事业在入学普及程度、教师队伍建设以及办学水平等各方面都得到了健康发展，以下就以 1999 年边临镇的教育状况为例，来反映全镇的"两基"工作成果。

一　普及程度

入学率：1999 年全镇小学适龄人口中正常儿童少年有 2955 人，已入学 2955 人，入学率达 100%，残疾儿童少年 13 人，其中听力残疾的 3 人，已入学的有 2 人，弱智的 10 人，已入学的有 8 人，残疾儿童入学率分别为

70%和80%，初中适龄少年1258人，已入学的1246人，入学率达99%。

辍学率：1999年全镇小学生共3015人，没有辍学，辍学率为0。中学生1140人，辍学6人，辍学率为0.5%。

毕业率：1999年全镇小学毕业班学生数490人，实际毕业485人，毕业率为95%，初中毕业生321人，实际毕业312人，毕业率为97%。

完成率：1999年全镇15周岁人口367人，受完初等教育的有363人，完成率99%，17周岁共351人，受完初等教育的有333人，完成率达95%。

一　二　教师队伍建设

1999年全镇共有教职工253人，其中公办教师213人，民办教师40人，有初级中学1处，16个教学班，在校生1189人，应配专职教师42人，实际配给42人，完成率100%。镇中心小学1处，学区中心小学3处，村办小学20处，共计114个教学班，在校生2957人，应配专任教师170人，实际配给170人，完成率为100%。

1999年全镇小学专职教师173人，其中中师学历的有134人，专科学历的有38人，本科学历的1人，学历达标率100%；中学专职教师51人，中师学历的有4人，专科学历的43人，本科学历的4人，学历达标率93%。

三　办学水平

1999年全镇有初级中学1处，16个教学班，在校生1189人，有小学24所，中心小学1处，学区中心小学3处，村办小学20处，共计114个教学班，在校生2957人。其中初中校舍面积有5565平方米，生均达到4.68平方米，小学校舍面积有11899平方米，生均达到4.03平方米，而各种教学仪器、音体美器材及图书均达到国家二级标准。

四　教育经费

1999年镇政府对教育的拨款做到了"三个增长"，即：财政对教学拨款的增长比例高于财政经常性收入的增长；生均教育事业逐年增长；生均公用经费和教师收入逐年增长。对于教师工资，坚持按月足额发放公办教师工资，从不拖欠，而民办教师工资达到当地农民人均纯收入的1.8倍

（按 1996 年标准），月工资 262 元，都按月发放。与此同时，实行三级办学责任制，镇管中学、管区负责完小，村负责村办小学，根据各自的责任，管好所辖学区，不断加大投入力度。

边临镇中学校舍

五　成人教育

对于成人教育，1999 年镇政府建有成教中心 1 处，村农民文化技术学校 63 处，办学面达 100%，并根据农村的实际情况，按季节开展专题学习，使广大学员能适应农村结构种植的需求，极大地调动了农民学习的积极性，真正提高了文化技术水平，为早日致富奔小康打下了坚实基础。

从边临镇社会文化教育事业状况可以看出，边临镇高度重视教育工作，以"两基"为工作目标，保证了在教育投入上实现教育经费的"三个增长"，设定了相当细致的实施方案制止中小学生辍学，并在教育工作的规范化管理做了大量工作，在科学化管理、教学质量、学校常规管理以及德育工作四大方面设定了二十多项规范，保证了教育工作的科学管理以及教育质量的提高，确保了边临镇社会文化教育事业的良好发展态势。

附录　边临镇五处中心小学简介与规划

为确保实施普九规划，边临镇党委政府对全镇五处中心小学作了具体的规划布局，筹措资金 125 万元，分期建设了五处中心小学。

一　生金刘中心小学

生金刘中心小学校址为原生刘处中学和小学校址合并使用。

1. 占地面积为 9.7 亩，扩展了 5.3 亩，现有校舍面积 1030 平方米。

2. 规模：8 个教学班，一至四年级 4 个班，五、六年级 4 个班。

3. 有教师 18 人，学生 320 人。

4. 校舍面积需扩建 186 平方米。

5. 投资 14.7 万元，其中配套设施 11.2 万元，扩建维修 3.5 万元。

二　边临镇中心小学

边临镇中心小学校址为原边临镇中心校址。

1. 占地面积 27 亩，校舍面积 1900 平方米，其中教学楼能容纳 12 个教学班。

边临镇中心小学

2. 规模：12 个教学班，一至六年级各 2 个班。

3. 有教师 27 人，学生 500 人。

4. 按国家规定标准，该校符合要求，校舍建设状况良好。

5. 投入资金 17 万元，其中用于内部配套设施 12 万元，维修 5 万元。

三　魏集中心小学

魏集中心小学校址为原中、两位小学校址。

魏集中心小学

1. 占地面积 7.1 亩，校舍面积 605 平方米。

2. 规模：8 个教学班，一至四年级 4 个班、五、六年级 4 个班。

3. 有教师 18 人，学生 200 人。

4. 校舍尚缺 32 间，需扩征地 7.9 亩。

5. 投资 33.1 万元，其中配套设施 11.4 万元，校舍 21.7 万元。

四　南北辛中心小学

南北辛中心小学校址为南北辛完小。

南北辛中心小学

1. 占地 5.4 亩，校舍面积 520 平方米。

2. 规模：6 个教学班，一至六年级 6 个班。

3. 有教师 14 人，学生 220 人。

4. 校舍尚缺 18 间，要扩征地 4.6 亩。

5. 投资 16.6 万元，其中配套设施 9.2 万元，校舍 7.4 万元。

五　于架中心小学

于架中心小学迁校新建。

1. 占地 15 亩，校舍面积 1140 平方米。

2. 规模：8 个教学班，一至四年级 4 个班，五、六年级 4 个班。

3. 有教师 18 人，学生 300 人。

4. 投资 42.7 万元，其中配套设施 11.2 万元，校舍 31.5 万元。

第 六 章

边临镇民政工作与计划生育状况

　　民政工作在边临镇的地位和作用，是由民政工作"维护民利、保障民生、落实民权"的职能职责所决定的，民政工作通过自身职能的实现和拓展，为全镇的农村建设提供了保障，构筑了基础，创建了载体，也确定了民政工作在边临镇新农村建设中十分重要的基础和保障作用。自90年代以来，在边临镇党委政府及上级业务部门的大力支持下，本着为民分忧的意愿，在农村民政工作的推进和发展上，边临镇增强了全镇的社会福利和社会事务管理能力，组织了农村群众参与社会救助与扶贫帮困，一直坚持在诸如敬老院建设、帮助困难户脱贫等以及农民减负方面积极稳定地开展工作。

第一节　民政工作与减负创收

　　多年以来，边临镇一直把敬老院建设作为全镇的五保户服务中心，认真抓好敬老院的管理服务，把老人的困难当作自己的困难。边临镇共有五保户70户，为抓好敬老院阵地建设，在1997年镇政府就承包了四亩地，一方面扩建敬老院基地，一方面在增加敬老院收入上做文章，进行花卉种植，扩大种植面积，使镇敬老院纯收入达2.8万元，敬老院的老人平均生活费达90元，增加老人10人，共收养35人，使五保户入院率达50%。2005年又扩大镇敬老院规模，建成了3栋2层楼房，60个房间，设置卫生室、娱乐室、浴室、活动室等场所，安置老人160人，让他们在里面享受到天伦之乐。此外，还建设了镇中心卫生院，投入使用新医药楼，增添

15 张床位，新进一批先进的医疗设备，为群众解决了看病难、看病贵的难题。

另外，为帮助最困难的人脱贫致富，边临镇还针对全镇 140 户程度不同的困难户，区分情况分类对待，帮助有劳动力但缺少资金的困难户解决贷款问题，买化肥购种子，农忙季节，组织青年团员、学生帮助他们收种，使三分之一的困难户解决温饱；而对于全镇伤残烈士军属、老复员、病退复员军人 158 人，帮其克服困难，提高优抚定补标准。

除建设敬老院、帮助困难户脱贫等基本工作外，高度重视农民负担过重的问题，竭尽所能帮助农民减负，也是边临镇民政工作中的一个突出重点。为此，边临镇政府把解决农民负担过重的问题提升到了关系党风与廉政建设好坏的政治高度。对于如何解决这一问题，边临镇政府坚持减负创收两手抓的方针，取得了比较明显的效果。如 1993 年，全镇农民人均负担由 1992 年的 120.59 元降到 91.84 元，全镇共计减负达 72 万元，人均纯收入也由 1992 年的 580 元增加到 940 元。为落实全镇农民的减负创收，镇政府从四个方面采取了积极的工作方式与措施。

首先，从 1993 年以来边临镇政府就成立了减轻农民负担领导小组，做到了书记亲自抓，镇长靠上抓，并吸收镇有关部门参加，发挥管区、村级组织作用，形成了上下左右齐抓共管的局面；采取了以会代训、广播喇叭等多种形式，加大宣传工作，组织了全镇干部群众学习中办、国办《关于涉及农民负担项目审核处理意见的通知》以及山东省政府宣布取消的 32 项省直部门减农负担项目等有关文件，并针对全镇编外民办教师增多、乡村干部超编、公款吃喝、水利义务工和劳动积累以资代劳等问题的存在，确立了减负是措施，增收是目的的指导思想。

其次，为扎实细致地做好减轻农民负担工作，组织专门调查小组。以 1993 年为例，该年镇政府就专门组织了 12 人的专门调查小组，分赴 6 个管区，64 个村庄，对全镇农民负担进行了详细的调查，确定了 1992 年全镇人均总负担为 19 项计 120.59 元，农民负担过重的结论。为此，镇政府在多次召开联席会议，广泛征询群众意见的基础上，先后三次修改统筹方案，决定在增加计生服务费、防雹费两项统筹的情况下，大幅度进行减项减量，取消了乡镇企业统筹、报刊费、宅基地有偿使用、电影费、校改统筹、棉籽统筹以及农用物资统筹 7 个负担项目。同时，本着既减轻农民负担又保证工作正常进行的原则，对其他收费项目能压缩的尽量压缩，使农民人均负担由 1992 年的 19 项降为 15 项，金额由 120.9 元降到 94.84 元。从全镇各项税费来看，1993 年夏季小麦 154 斤，折款 50.86 元，其中国家税费 13.19 元，包括农业税 8.92 元，森林特产税 2 元，契税 0.25 元，教育附加费 2.68 元，民兵训练费 0.25 元，交通集资 1 元，共占 26%；生产服务性费用 29.76 元，包括黄河水费 17 元，防雹费 1 元，保险费 6.7 元，统一提水费 2.9 元，专项粮 6.10 元，火化集资 0.32 元，共占 58%；三提五统 7.92 元，包括教育集资 4 元，优抚 1 元，公积金 1.32 元，公益金 0.99 元，管理费 0.62 元，共占 16%，其中三提五统收费，仅占上年人均纯收入的 1.4%，而同年秋季，又针对全镇 3 个提排站费用进行认真排查，压缩提水费用 7.5 万元，人均 3 元。如此，使全镇人均负担降低到 91.84 元，比 1992 年共减负 28.75 元。

三是在农民负担减项减量上采取具体措施，多渠道实现农民减负。

1. 精简机构，兴办实体，减少政府开支。如按照"精简、统一、效能"的原则，1993 年边临镇政府将原来的 34 个政府机构合并为 11 个，形成了党政办、农业办、经贸办、社会事务综合办、计生办五个办公室和六个管区的机构配置，同时将原有的 83 名干部职工减少到 36 人（包括司法所长 1 人），分流出 25 人，兴办了农业技术、畜牧水产、农机水利、镇村企业、林果蔬菜、计划生育六个服务中心，并在上半年每人只发 50% 的工资，从 7 月份开始，其报酬与财政完全脱钩，工资一律自负，而进入服务中心的国家干部至年底根据工作实绩决定另外 50% 的工资发放，仅此一项，就节约开支 6.4 万元，加上六大服务中心每年上缴的利润 13 万元，两项合计等于财政节支 19.4 万元。

2. 对于民办教师和村组干部超编的实际情况，按照"公开、公平、公正"的原则，实行统一考试、政绩考评、择优录用的办法，该留的留，该减的减，该撤的撤，裁减超编人员，1993 年共 26 名编外民办教师受到裁减。另外，按每 120 名农民设置一名村干部的标准，裁减村组干部 218 人，由过去的 430 人减少到 212 人，全年减轻农民负担 8 万元。此外，将原来的 7 个管区合并成 6 个，管区配备的"专职"人员（民政、畜牧、会计、计生、科技、调解、土管、妇女八大网长和一名通讯员）减为"兼职"四员（会计、计生、科技网长、通讯员），使管区几大员由原来的 63 人减少到 24 人，裁减 39 人，节约开支 1.5 万元。

3. 严格控制"两工"，即义务工和劳动积累工，避免以资代劳。以

1992 年为例，根据该年调查表明，边临镇有部分村由于不按规定把义务工和劳动积累工分配给每个劳动力，而是集体出高资雇用劳动力，使农民人均负担费用高达 28 元，总额达 70 万元。为此，边临镇统一制定了"轮流出工，以工顶工，多顶多摊，存欠结账"的管理方法，规定凡 18—55 岁的男性劳动力，18—45 岁的女性劳动力，每年、每人要承担 10 个义务工和 20 个劳动积累工（出河工列入劳动积累工），同时对定工、河工、用工、工值兑现等各个环节指定专人负责，注重监督，仅此措施，使全镇直接减轻农民负担 50 万元。

4. 严格控制非生产性开支，反腐倡廉，节约一切开支。如 1992 年，全镇封存了吉普车一辆，杜绝私事用车，拆掉电话 14 部，镇政府院内只保留两部电话，两项合计全年节支近 3 万元；对于用电，每屋安装一块电表，限量使用，超者自负，每年也节省了 0.6 万元；同时镇财政实行"一支笔"审批制度，规定千元以上开支报请镇党委、政府联席会讨论决定，严格报销手续，杜绝不合理单据入账；并因陋就简，节省建设资金，如 1993 年办公设施和房屋修缮两项费用仅用了 0.6 万元，比 1992 年节省了 24 万元。另外，杜绝公款吃喝，规定乡镇来人一切从简，坚决不摆酒，脱产干部下村一律吃便饭，违者按镇党委制定的《关于脱产干部清正廉洁的十条规定》进行处罚，每年也可节省招待费 2.8 万元。

四是明确思路增产创收。边临镇政府在坚持一手抓节俭开支的同时，也一手抓增产创收，以从根本上解决农民负担过重的问题。为此镇政府结合全镇实际，制订了增收的主要措施，以 1993 年为例：

1. 在全镇开展"户增一头牛、一头猪、一只羊、10 只鸽子"活动，1993 年使大牲畜饲养量达到 1.3 万头，猪 2.1 万头，羊 2.6 万只，鸽子 25 万只。

2. 抓好大棚蔬菜生产。由镇果品蔬菜服务中心牵头，邀请地、县有关部门技术员举办蔬菜生产技术培训班，落实大棚蔬菜防冻措施，重点抓好销售服务，使全镇 1100 个大棚冬季纯增效 60 万元。

3. 抓好以粉皮加工为重点的个体私营企业的发展。以地委一乡一业、一村一品的"一品带动战略"为主的指导思想，抓住粉皮生产的传统优势，着重抓好原料供应、行业发展、产品销售等三个环节，促使全镇粉皮加工专业户如雨后春笋般地发展起来，仅 11 月份就增加 210 家，全镇在 1993 年已超过 2000 户。而粉皮加工业的发展，也直接带动了个体私营企业的发展，1993 年全镇个体私营企业现达到 3000 个，年产值 3000 万元，利税 280 万元，仅此一项就使全镇人均纯增收入 112 元。

边临镇被评为全县减负
工作先进单位

另外，除采取以上"减负创收两手抓"的方式外，边临镇政府还通过对农村财务实行"双代管"，即两级管账，一级管钱，总量控制，使农民负担得到了合理控制。如 1995 年全年村三提，人均 33 元，镇五统，32.5 元，三提五统占上年人均纯收入（1330 元）的 4.9%，加上生产服务性费用计人均 131.4 元，占上年人均纯收入的 9.9%，总量超过上级规定的 13%。而 1995 年人均纯收入达到 1744.35 元，比上年增长 414 元。到 1996 年，镇政府又先后取消了报刊统筹、电影费等五项负担项目，使农民负担有了一定程度的下降，三提五统为 225.24 万元，人均 87.2 元，占上年人均纯收入的 5%，达到了国家政策规定的标准。

经过多年来边临镇政府在民政工作、减负创收措施的努力下，农村福利事业在全镇得到了广泛推进与发展，减负工作得以控制在合理范围之内，没有出现因涉及农民负担的案件发生，全镇呈现社会稳定、政治安定、经济发展的好形势。2002 与 2003 年度，连续两年，边临镇被陵县评为全县减负工作的先进单位。

第二节　计划生育工作状况

边临镇紧紧围绕控制人口过快增长，提高出生人口素质，优化人口结构这一主要任务，在人口和计划生育工作方面，镇政府不断深化综合改革，努力建设高素质的计生干部队伍，加快建立和完善"依法管理、村民自治、优质服务、政策推动、综合治理"新的工作机制，积极探索高标准的优质服务模式，科学规范高效率的运行机制，将计划生育工作纳入全盘工作的重中之重。在镇政府积极组织领导下，边临镇的计划生育专项治理工作取得了显著成效，多次被陵县评为人口与计划生育管理方面的先进乡镇。

边临镇被评为计划生育管理先进乡镇

早在 1997 年，边临镇政府就对全镇总人口 25781 人中的 5065 名育龄人口，落实了 5035 人的节育措施，其中男扎 802 人，女扎 2530 人，入环 1530 人，皮埋 28 人，服药、用具 145 人，使全镇计划生育率达 99.4%，晚婚晚育率达 100%，人口自然增长率达 1.44%，节育措施落实有效率达 99%。

2007 年以来，边临镇依旧继续开展计划生育专项治理，以全面落实节育措施，足额征缴社会抚养费，以深追逃扎、逃罚、计划外生育人员和做好妇检为主要内容，广泛开展宣传教育、强化培训、摸底调查等活动，并采取"解剖麻雀"的方法，对重点村进行解剖，对重点人员进行个例分析建档。目前，全镇按照国家政策，全年结扎了 70 人，清理漏报 4 例、计划外怀孕 3 例。长期以来，边临镇计划生育工作取得良好效果，与镇政府积极组织领导，努力实施相关具体措施密不可分。

首先，为抓好计划生育工作，镇政府特意安排一名副书记分管计生工作，一名副镇长主抓计划生育，还专为计生办配备两名文化程度高，责任心强的计生专职干部，并规定计生专职人员专门抓计划生育。

其次，在搞好人员培训，加强业务学习以及宣传服务工作，流动人口管理等三个方面采取具体措施，组织实施，定期搞好培训，加强业务学习，提高人员素质，使计生工作由行政行为逐渐变为自觉行为，镇政府从提高专职干部和镇、村两级干部的素质和计生观念入手，建立了计生定期培训制度。对计生办专职人员和计划生育每周进行一次集中业务学习和理论知识研讨，学习上级有关文件精神和各种填报表等制度，使每个人达到政策清、业务明。同时，计生主任、育龄妇女小组长每月培训一次，脱产干部、党员干部等每半年培训一次，并对他们进行严格的考核评分，对不合格的实行继续培训政策。如在 1997 年就累计培训人员达 5000 多人，印发明白纸和培训教材 2000 册。

　　为加强宣传，搞好服务，镇计生办充分利用调频广播、电视机、录像机、录音磁带、宣传车、印发明白纸、张贴标语等形式，坚持每月搞两次大型的宣传活动，大力宣传上级有关文件、计划生育政策、法规，优生、优育，致富典型等，使之达到家喻户晓，并在宣传教育的同时积极为育龄群众搞好服务，如1997年就累积出动宣传车100车次，放录音带300余次，录像130余次，宣传稿件10余篇。此外，除每季度举行全镇大型普查外、对有病、残疾的育龄妇女也实行无偿跟踪服务。在日常工作中，对孕产妇、手术后的育龄妇女认真做好跟踪随访服务，对平时到站检查的妇女也主动热情地接待。

　　为堵住外出人员躲生和漏管现象，全镇严格加强流动人口管理。针对流动人口，本着双向管理的原则，首先与对方计生部门取得联系，建立定期联系制度；与此同时，全镇、各村都相应成立流动人口管理小组，做好流动人口的建档、验证、签订合同、妇检等项目，此举有力地堵住了外出人员躲生和漏管现象，如1997年，边临镇有流动人口450多人，未出现一例外流人员计划外生育，边临镇在流动人中管理方面，也正逐步步入正规化、法制化的轨道。

第三节　妇联工作状况

　　妇联工作也是边临镇各项工作中的亮点之一，受到镇政府的重视和支持。全镇有63个行政村，都建立健全了妇代会班子，并全部进入"两委"，且这63个村妇代会主任还兼任了村里的科技主任，其中有50个村妇代会主任取得了农民技术员证书。边临镇如此的妇联工作人员构成，不仅对普及和推广全镇妇女掌握农业生产技术起到了积极作用，还对全镇的庭院生产和经费基地建设起到重要作用。除了促进生产技术普及，边临镇妇联还常常组织开展各项富有特色的活动，如在边临镇的边三村评选"十佳文明家庭"，闫庄村评选好儿女、好婆婆、好媳妇活动等。

　　为了普及和推广全镇妇女掌握农业生产技术，边临镇特意成立了农函大妇女班，由镇妇联对农函大妇女班建立健全各种组织以及各种档案制度，进行规范化管理，并分农时季节每月一次对学员进行集中培训。此外，在农函大妇女班成立基础上，为更有针对性地推广和传播新技术，全镇还建立了五处妇女专业技术研究会，同样由镇妇联建立健全各种档案制度，实行规范化管理。

这五处妇女专业技术研究会分别是：一、东华付丽旨的养牛专业技术研究会，在镇妇联大力帮助支持下，租赁了镇上一个废旧造纸厂，占地七亩，付丽旨在此建立了一个规模化养殖厂，饲料喂牛，牛吃剩的秸秆和果树叶养兔，牛粪喂猪，取得较大效益，各项技术成果得到了群众认可，并在全镇范围内推广。二、闫庄果树专业技术研究会和仁义店果树专业技术研究会。在镇妇联的帮助下，两个研究会与德州市林科所建立了业务关系，进行新技术推广工作，其中仁义店的技术夜校和闫庄的立体种植都取得了一定成绩，受到省、市、县三级妇联的表扬和各级新闻组织的采访。三、西宋纪秀春的养鸡专业技术研究会，实行了统一进鸡育苗，饲料统一防疫，提高了成活率，并在全镇范围内带动着一大批肉鸡养殖专业户。四、陈庄刘俊英的令用菌专业技术研究会。

除了成立农函大妇女班和妇女专业技术研究会普及推广农业生产技术，边临镇妇联还依照专业技术研究会应该向实体化方向发展的原则，通过提供技术，统一防治防疫等途径合理收费，逐步实现了研究会经费从无到有的转变。而在庭院生产方面，边临镇妇联也积极探索，把住机遇，努力实践。如根据侯庄地瓜育苗、邢庄庭院养牛两个专业村在庭院生产方面突出的成绩以及侯庄地瓜品质好，耐储藏，地瓜种植大村这一优势，边临镇妇联就动员全村妇女行动起来，发挥传统优势，使得育苗不但满足自给，而且供应附近市场，全村达到了户均 3 个育苗床，户均纯收入达到了 2000 多元。另外，针对边临镇一时许多养牛大户纷纷下马这一情况，镇妇联帮助群众积极分析市场，低价将牛买走，并利用邢庄村地多粮广的优势，进行黄牛育肥，使该村许多农户增加了存栏量，达到户均 5 头，成为全镇黄牛饲养专业村。

第 七 章

边临镇政府机构改革

1982年12月五届人大五次会议通过的新宪法明确规定，把改变政社合一体制、建立乡人民政权写进宪法，要求农村人民公社实行政社分开，建立乡政府。1983年10月12日，中共中央、国务院正式发布了《关于实行政社分开建立乡政府的通知》，指出："随着农村经济体制的改革，现行农村政社合一的体制显得很不适应。宪法已明确规定，在农村建立乡政府，政社必须相应分开。"由此，原来的人民公社解体，成立了乡镇政府。1984年，边临镇由山东省批准为建制镇，成立了边临镇政府。边临镇政府成立后，在镇政府推动下，全镇农业、工业发展都取得了相当的成效，不过与此同时，也产生了镇政府机构膨胀、冗员严重与农民负担沉重的问题。机构冗员是我国各级政府的普遍现象，乡镇政府也不例外，当然也并非边临镇独有。为了解决政府冗员的问题，中共中央、国务院早在90年代初，就开始酝酿政府机构改革，到1999年1月5日，中共中央、国务院下发了《关于地方政府机构改革的意见》；2000年12月26日，下发了《关于市县乡人员编制精简的意见》；以及九届全国人大第四次会议2001年批准的《中华人民共和国国民经济和社会发展第十个五年计划纲要》，都对此提出了要求。为此，消肿裁冗、转变职能的政府机构改革大规模地发动起来。

第一节　精兵简政与轮岗分流

我国各级政府机构逐渐膨胀是一个普遍性现象，对于乡镇政府而言，机构臃肿、人浮于事一方面来自于乡镇政府行政编制人员增加而超编；一方面来自于由本级党委就能决定的事业身份人员进入乡镇政府，使得乡镇政府冗员表现为行政编制超编和事业人员爆满为特征的庞大乡镇政府。

陵县边临镇人民政府

为解决政府机关机构臃肿、层次重叠、人浮于事的现象，边临镇政府走在了时代的前列，早在 1993 年镇党委、政府就积极采取措施，大胆探索，加快了机构改革步伐，使党政机构由原来 34 个合并为 11 个，原有的 97 名干部职工减少到 46 名，精简了 53.1%，同时兴办经济服务实体 9 个，妥善安置被裁减的 51 名富余人员。从 1993 年到 2004 年这十几年来，对于机构改革，边临镇政府一直在积极采取措施，在精兵简政与轮岗分流方面，探索现实可行的方案。

一　精兵简政

围绕以转变政府职能，精兵简政，提高效率，更好的为农村经济建设服务为目的的机构改革，1993 年边临镇政府就确定了主要思路，决定突出重点，以转变政府职能为突破口，以兴办经济服务实体为载体，合理分流机关富余人员，来促进机关机构改革的顺利进行。具体来说，表现在以下三个方面。

第一，在解放思想的基础上对党政机关大胆改革，根据机关工作需要合并办事机构，将原有的 34 个部门合并为四办（党政办、财经办、精神文明办、综合治理办）、一队（计划生育服务队）和六个管区等 11 个部门。然后再优化组合人员：一方面，根据所学专业和特长，由党委、政府统一安排各部门人员，其部门负责人原则上由副区级干部担任；另一方面，实行"双向选择"、"将点兵"、"兵选将"，达到部门和单位人员的优化组合，发挥自己所长，提高工作效率；再一方面，优胜劣汰，根据一年政绩考察、实绩考核，对政绩平平、不胜任工作的人员，该裁的裁，该辞的辞，真正达到精兵简政。

第二，兴办经济服务实体，妥善安置富余人员。在精简合并机构的同时，镇政府也本着"既有利于调动干部职工的工作积极性，又有利于促进机关人员分流"的原则，通过兴办经济服务实体，鼓励机关干部到镇村企业工作、停薪留职等方法，妥善安置富余人员。具体办法有：

一是将镇原有的经济管理部门转变为经济实体，将原来的镇经委、土管所等部门从政府序列中分离出来，办成集经营服务于一体的实体性专业公司，分别成立镇村股份企业总公司、土地资源开发服务公司、果品蔬菜服务公司。如镇村股份企业总公司，下属 14 个企业，对企业负有管理、服务的责任，改革后总公司作为一级法人代表，向政府承包任务指标，对所属企业实行二级法人承包，通过理顺镇政府与企业、总公司与所属企业的关系，使总公司与企业形成风险共担、荣辱与共的利益共同体，此举较有成效。如，1993 年 1—7 月份，镇村企业实现产值就比去年同期增长 47%，达 9200 万元；利税比去年同期增长 44%，达 350 万元。

二是将原有的涉农部门改为经济实体。即把原来的农技站、农机站、水利站、兽医站、科委、林业站等 7 个部门改为经济实体，分别成立了科技服务公司、农机水利石油服务公司、畜牧水产服务公司，让这些公司发挥自己的优势，把为农业生产产前、产中、产后服务作为出发点和落脚点，开展有偿服务经营。如成立农机水利石油服务公司后，积极开展服务经营活动，先后建起了农机配件门市部、石油供应站，成立了农机维修小组、水利灌溉工程专业队，为农户下乡维修机械，在 1993 年就实现购销油料 50 多吨，3 个扬水站为全镇 64 个村庄提水 80 万立方，在服务经营中为农民增加直接经济效益 30 多万元，同时，公司也获利润 2 万多元。

三是围绕区域产业优势兴办实体。粉皮是全镇的传统加工项目，过去大都靠本地市场销售，产量低，效益差，使产业优势得不到发挥，为了发挥区域产业优势，边临镇专门成立了粉皮供销公司，为粉皮专业户提供原料、技术、销售服务。公司成立后，积极为加工户提供产前、产中、产后服务；仅改革半年多就共为农户从外地进购优质绿豆 28 吨，节约生产成本 6000 元，举办粉皮加工技术培训班，有 1300 多人次参加，使粉皮加工户由 1992 年的 500 家发展到 1360 家，粉皮总产量由去年同期的 278 吨扩大到 500 多吨，其中组织外销 120 多吨，比上年增加 78%，远销天津、石家庄、沈阳、抚顺等大中城市，不仅为农户增加直接经济效益 2.4 万元，而且公司在经营中也获利 4 万多元。

四是针对经济发展需要兴办实体。根据农村经济发展需要，镇政府成立相关公司，从精简干部职工中抽调有经营头脑、会管理、学有专长人员到公司工作。如 1993 年成立了镇农村投资服务公司和信息服务公司，其中投资公司成立半年，就吸纳社会闲散资金共 80 多万元，直接投入生产 40 多万元，其中投入镇村企业生产 20 多万元，多种经营生产 20 万元，既妥善安置富余人员，又促进了农村经济的发展。

第三，为促进成立的机关经济服务实体的健康协调发展，边临镇政府采取了多方措施，为其生产经营创造了良好的环境。

首先，明确职责。制定《关于发展镇村企业的规定》、《关于发展多种经营生产的规定》、《关于发展畜牧生产的规定》等方面的政策，对成立的 9 个公司的职责做了明确规定；除协调与上级有关部门的关系，实现其应有的社会效益外，规定 9 个公司每年向镇财政共交纳利润提成 13 万元，三年保持不变，其公司人员工资三年内逐步与财政脱钩，即第一年每人每月只发原工资的 54%，第二年只发原工资的 30%，第三年完全与镇财政脱钩。另外，为增强干部职工的紧迫感和调动员工的工作积极性，规定在完成上级任务指标的前提下，公司人员工资上不封顶，下不保底，多劳多得，奖勤罚懒，明确了政府与公司的关系及其职责，使各公司人员可以毫无顾虑地大干。

其次，进行行政协调，专门成立由书记、镇长为正副组长的经济服务实体领导小组，负责处理和解决各经济服务实体中出现的新情况、新问题，协调各经济实体之间、实体与行政部门之间的关系，定期监督和考核各经济服务实体任务指标完成情况，定期组织各公司召开碰头会，交流情况，介绍经验，研究措施，提高对经济服务实体的组织化程度。

其三，进行政策引导，在经济层面，专门制定了诸如《关于鼓励机关干部职工到实体任职工作的若干规定》和《兴办经济服务实体的优惠政策》等规定；政治待遇上，对到经济服务实体工作的机关干部职工，党委、政府做出明文规定：根据工作业绩，与机关干部职工同等条件下，优先发展入党，优先重用提拔，优先解决家属及子女农转非；税收上，对新兴办实体，在税收上给予优惠照顾，一年免、二年减、三年量行而收，涵养税源。

其四，资金推动，由财政、金融部门对经济服务实体实行重点倾斜，在贷款总额上划出一定比例额度，建立兴办实体的专项贷款。各经济服务实体所经营项目、所需资质，经镇党委、政府考察论证后，对有发展前途、经济效益可行性的项目，财政金融部门优先提供贷款。

在以上这些措施的推动下，1993 年边临镇经过半年多的机关机构改革，取得一系列初步成效：一是充分调动了干部职工的工作积极性，使无论是机关还是实体，人员精干，责任明确，工作实绩与切身利益捆在一起，领导干部、一般干部都有了压力感和责任感，其工作积极性和主动性明显增强。比如，果品蔬菜服务公司 8 名干部职工，积极工作，除负责全镇果树、蔬菜发展外，还组织人力促进销售，仅半年时间，就发展果树面积 5994 亩，新建蔬菜大棚 500 个、小弓栅 1000 个，组织外销果品 400 多吨、蔬菜 100 多吨，取得了较好效益。

二是增加了财政收入。改革后，51 名干部职工从机关分离出去，仅1—7 月份，财政减少开支 3.93 万元，同时，财政增加经济收入 7.56 万元（9 个实体上缴利润），9 个服务实体除去上缴财政和干部职工工资补助，纯赢利 2.3 万元，共增加经济效益 13.79 万元。

三是锻炼了干部职工在生产经营中的能力。改革后，一批懂经营、会管理、有组织能力、学有专长的干部，纷纷创办、领办经济服务实体，促进了实体的健康发展，如镇党委委员陶发春，是畜牧专业老毕业生，过去一直从事机关工作，所学专长一直得不到发挥，改革后，他带头领办了畜牧水产公司，上任 5 个月来，带领公司干部职工跑遍全镇 64 个村庄、400多个养殖专业户，在全镇范围内建立起了 5 个黄牛杂交配种点，引进 4 头优良公猪，淘汰劣种肉牛 30 多头、劣种公猪 10 多头，仅半年，杂交配种了黄牛 800 头、猪 1000 头，增加经济效益 20 多万元，为农村经济的发展注入了活力。

二　轮岗分流

在1993年精兵简政实践的基础上，1999年以后，按照山东省陵县县委、县府有关文件精神和《1999年度工作目标责任书》的总体要求，边临镇政府围绕转变政府职能，开始进入了以轮岗分流为方向的政府机构改革。与上次机构改革以精兵简政，提高效率，更好地为农村经济建设服务为目的不同，这次边临镇党政机关、事业单位人员轮岗分流的目的在于增强干部人员的能力，提高其综合素质，有效减缓机关内部人员压力，缓解财政困难和增加经济收入。为使机关干部真正从思想上认识到轮岗的迫切性和现实性，以及督促轮岗工作的不断完善和落实，边临镇政府也适时地采取了三方面的相应措施，取得了成效。如在1999年中，全镇共推动了46人参与轮岗，占在编人数的58%，创办经济服务实体5处，创建了农村示范服务基地，总投资337万元，仅该年上半年就实现了上缴利润5.8万元，上缴税金4万元的好成绩。

首先，为转变轮岗干部的思想和认识，边临镇政府先后采取了邀请轮岗先进个人作报告，组织外出参观典型轮岗实体等形式，激励机关干部干大事业的气魄和胆识，树立机关干部敢为人先的思想，通过宣传发动和积极引导，使广大轮岗干部普遍树立从"要我干"到"我要干"的意识。

其二，为督促轮岗工作的不断完善和落实，强化对此项工作的领导，镇政府还专门成立了轮岗分流领导小组，多方求助帮轮岗机关干部引进资金，提供信息，在厂房、资金等方面给予优惠。

其三，为提高机关干部轮岗分流的积极性与主动性，不断完善轮岗分流管理制度，实行奖惩兑现制度等一系列规章制度，使轮岗分流走向了规范化和科学化的管理轨道，并在具体操作运行中，始终坚持"独立经营，独立核算，自负盈亏"的原则。

在轮岗分流的原则指导下，边临镇轮岗分流取得了令人满意的成效。在镇政府努力促进和一系列优惠政策的鼓励下，全镇兴办经济实体6处：如投资210万元的水利服务公司，分流13人；投资50万元的精细化工厂，分流7人；军高养殖厂投资15万元，分流3人；机关销售服务公司投资18万元，分流6人；科技园投资60万元，分流5人；农技综合服务部投资2万元，分流3人；此后，又进一步分流了6人成立计划生育门诊部。

另外，有部分分流人员采用反租倒包的形式承包了军高、前华的科技示范区，对镇倒闭企业油棉厂进行技术改造，投资 300 万，使全镇棉纺业呈现产、供、销一条龙生产；还有部分分流人员把前华、寨门刘、后华等村1000 个高效冷棚作为镇农业科技示范区和典型，并选择一批专业对路、技术性强的机关人员组成技术顾问团，对该示范区进行技术指导和物资服务，可以说，边临镇的这次轮岗分流，既促进了全镇经济的发展，又锻炼了机关干部。

第二节　乡镇事业单位机构改革

经过 1993 年的精兵简政和 1999 年的轮岗分流，2002 年乡镇机构改革的重心转移到乡镇事业单位的改革。在这种形势下，边临镇政府在中共十五大和十五届五中全会的精神指导下，根据国家、省、市、县三级有关事业单位改革的要求以及《陵县乡镇事业单位机构改革实施意见》的规定，政府机构改革也进入到一个大刀阔斧改革事业单位的新历史阶段。

一　事业单位改革的目的和原则

长期以来，由于受计划经济体制的影响和行政编制偏紧等原因，政府曾将部分职能转移给事业单位，这不仅不利于事业单位的自我完善和发展，也给依法行政带来了很大困难。

2002 年确定的这次机构改革目的，首要的就是以坚持政事分开为原则，来合理界定政府机关与事业单位的职能，使事业单位不再承担行政职权，对于有加挂政府机构的牌子，单位名称也要与行政机构有所区别。然后，改革行政审批制度，规范行政审批权力，通过行政审批制度的改革，取消一大批行政审批事项，并通过这次乡镇机构改革对行政审批事项自上而下，上下结合，逐级清理和精简，对能下放的，坚决下放。

另外，按照责权统一的原则，理顺上下之间的事权关系，将相同和接近的职能交由一个部门承担，对于有些工作需要同几个部门共同参与的，则明确分工，分清主次，确定牵头部门，理顺各方面的关系，改进和完善行政运行机制。与此同时，由于人员分流涉及广大干部的切身利益，与市级以上的机构改革相比，乡镇机构改革人员的分流更为复杂，难度也更大，也由于本次机构改革人员编制精简幅度大，需再安置的分流人员比较多，努力开辟分流渠道，在平和稳定中把分流工作落实到位，是2002年乡镇事业单位人员分流面临的一个难点。

在明确了改革的目的和原则后，经过筹划，并结合前段时间有计划、有步骤地开展清理清退临时人员、分流超编人员、轮岗分流等工作的经验教训，边临镇政府逐渐形成了这次机构改革"脱钩、分类、放权、搞活"的基本思路，明确了这次事业单位机构改革的主要任务以及人员分流的主要途径和可能遇到的问题，并按照政事分开，精简统一，经济建设与社会事业协调发展的原则，开始着手对全镇党政事业单位进行改革。

边临镇政府行政办公楼

二　机构改革的主要任务

边临镇政府明确了此次改革的主要任务，具体表现为"两个重点、两个目的、一项重要工作"。其中"两个重点"是指既要规范乡镇政府机构设置，也要规范乡镇事业单位的设置以及大力精简人员。"两个目的"是指通过精简，使乡镇干部队伍适应新的形势要求以及压缩财政供养人员，减轻农民负担，密切党群、干群关系，保持社会稳定。"一项重要工作"是指千方百计妥善安置分流人员，让他们到经济建设第一线建功立业，以实际行动发展生产力，更快更好地发展经济。

边临镇政府行政办公大院

三　界定职责和规范机构

按照政事分开的原则，边临镇政府界定了镇事业单位的职责，将事业单位承担的行政管理职能收归政府承担，并将机关承担的技术性、辅助性、事务性、服务性工作交由事业单位或社会中介机构来承担，按照精简、统一、效能的原则，合理调整乡镇事业单位布局，大力精简镇财政拨款事业机构和人员，减轻财政和农民负担。

同时，对于事业单位，本着进一步理顺条块关系，增强乡镇管理功能，优化事业单位所有制结构的目的，一方面稳定和加强涉农服务所必需的事业单位，支持并发展农村市场经济急需的社会中介组织；一方面调整和撤并与乡镇经济和社会发展不相适应的事业单位，对以市场为导向，主要从事生产经营活动的事业单位，原则上转为经济服务实体，不再保留事业单位性质，减少事业单位总量。

此外，边临镇还按照优化结构、完善功能、建立精干高效的乡镇党政机构的原则，乡镇以下不再设管区、工作片等管理层次的总体要求，对政府机关人员重新认定，对相关科室设置重新调整，只设党政办公室、经济发展办公室、社会事务管理办公室，科教文卫计划生育办公室 4 个单位，具体设置如下：

党政办公室包括组织、宣传、纪检、信访、共青团、妇联、老干部、文秘、档案、统计、机关党支部、基层组织建设、精神文明建设等工作。

经济发展办公室包括农业牧副渔各业、农业综合开发、水利、乡镇企业、城镇建设、财政、工商、税务、审计、第三产业等工作；

社会事务管理办公室包括民政、社会保险、民族宗教、司法、社会治安综合治理、土地管理等工作；

科教文卫计划生育办公室包括文化、教育、科技、广播、卫生、计划生育等工作。

另外，边临镇还核定了党政机构人员编制为45人。其中党政办公室13人，经济发展办公室14人，社会事务管理办公室9人，科教文卫计划生育办公室9人，镇党委由7人组成，书记1人，副书记3人，（其中1名副书记兼任纪检书记；镇长1人，副镇长4人，人民武装部部长1人（副乡级）。

四　事业单位人员分流的主要途径和问题

在重新界定机构职责和机构规范后，要直面的问题就是如何分流事业单位机构改革的人员，其主要途径有哪些？又可能存在什么障碍？对此，边临镇政府做了充分论证和调查，确定了十一条可操作性的分流途径，并制定相应措施保护和实施。

1. 分流的主要途径

（1）成建制划转。由机关转为暂授权行使行政管理职能事业单位的，其干部人事管理和人员工资、福利待遇仍按党政机关的有关制度规定执行。转体前已离退休的人员和转体时办理离退休手续的人员，其离退休费及福利待遇继续按党政机关的制度规定执行，经费渠道不变，管理服务工作由转体后的单位负责。转体后离退休的人员，其离退休费及福利待遇等按转体后单位的制度规定执行。

（2）充实企事业。对到各类企事业单位工作的人员，免去机关职务，办理调动手续。到企业工作的，按机关工资标准上调两个职务工资档次，就近就高套入企业工资标准。其中对到集体企业、乡镇企业、民营企业工作并在县人才服务机构实行人事代理的，按机关工资标准上调三个职务工资档次，就近就高套入企业工资标准，记入档案工资。到事业单位工作的，就近就高套入事业单位工资标准。

（3）退休或提前退休。机关工作人员男年满60周岁、女年满55周岁或丧失工作能力的，按规定办理退休手续。工作年限满30年，或男年满50周岁且工作年限满20年的，本人同意，经组织批准，可以提前退休。

（4）提前离岗。对2002年12月31日年满52周岁的副职和相当于正副科级及一般工作人员，男2002年12月31日年满50周岁、女2002年12月31日年满48周岁的乡镇工作人员，办理提前离岗手续。提前离岗期间，免去职务，不占编制，工龄连续计算，享受在职人员的工资福利待遇，待达到国家规定退休年龄时再办理退休手续，也可在离岗期间提前退休。另外，提前离岗人员离岗期间不得应聘于各级机关工作；鼓励从事个体经营活动，领办、创办民营企业；不参加年度考核，没有违法违纪行为的可按称职对待；不享受在职人员的津贴、补贴。

（5）机关分流人员可离职、辞职从事个体经营或领办创办私营企业，并享受特困企业和破产企业的下岗、失业人员从事个体经营、领办创办私营企业的有关优惠政策。离职人员不占机关编制，离职后的三年内，连续计算工龄，由原单位或新组建单位发给基本工资，也可一次性发给相当于本人三年的基本工资，并享受在职人员的医疗、保险、住房等方面的待遇。三年后，所在单位停发工资，不再为其缴纳医疗、养老保险。在县人才服务机构实行人事代理，其养老保险、住房公积金、医疗保险等由本人全额缴纳的，工龄可以连续计算，达到国家法定退休年龄后仍可享受机关退休人员的有关待遇。今后重新选择工作单位的，辞职补助费按有关规定执行。

（6）兴办经济实体。创办经济实体，积极拓宽安置机关分流人员的渠道。经济实体实行自主经营、自负盈亏、独立核算，在职能、人员、财务、资金、物资、名称等方面与机关完全脱钩。机构改革中由机关到本部门经济实体工作的人员，免去机关职务，办理调动手续；三年分流期间内由原单位或撤并后新组建的单位发给基本工资，并享受在职人员的医疗、保险、住房等方面的待遇。三年后停发工资，其养老保险、住房公积金、医疗保险等由所在实体缴纳。

（7）机关分流到企业、事业单位工作以及个体私营经济的人员，不受专业技术年限和岗位数额、外语资格、原有专业技术资格级别的限制，可比照所在的企业、事业单位同类人员直接申报评聘相应的专业技术职务

（由县人事局专项核增岗位指标），套改兑现工资；对原有专业技术职务任职资格的，其聘任年限可连续计算。会计、经济、统计、审计等实行全国统一考试取得中、初级职务资格系列，也可比照本职务同类人员直接聘任，由市、县人事局核发任职资格证书。

（8）分流人员离开机关前的连续工龄，视为已缴基本养老保险费的年限，与今后的实际缴费年限合并计发基本养老金。其中，分流到企业工作的人员，按企业的标准缴纳，退休时按企业的有关规定计发基本养老金；分流到事业单位工作的人员，按事业单位的有关规定缴纳，退休时按有关规定计发基本养老金；离职、辞职从事个体私营经济的，可由本人在县机关事业保险处按机关事业单位的标准继续投保，退休时计发基本养老金。分流人员的基本医疗保险费和失业保险费的缴纳，按照上级有关规定执行。

（9）对不服从组织安排分流的机关工作人员，三年分流期满仍没有落实分流岗位的，予以辞退。分流的机关工勤人员，因不服从组织安排，三年分流期满仍没有落实分流岗位的，解除与所在单位的劳动关系，按有关规定享受失业保险待遇。

（10）对这次机构改革分流出机关的工作人员，今后符合条件重新报考国家公务员和机关工作者的，可免予综合知识考试，同等条件下优先录用。

（11）机构改革人员三年分流期间内，机关经费按在职人员和分流人员分别列支。属在职人员的，按核定的人员编制数、实有人数预算拨付人员经费和办公经费；属分流人员的，按核定的分流人员工资数额预算拨付人员经费，停拨办公经费。

2. 确保分流顺利的措施

（1）实行严格的责任制，成立专门领导机构，研究和发现改革过程中出现的各种情况和问题，及时采取措施，妥善加以处理，保证改革平稳进行。

（2）由于机构改革涉及利益调整，被分流人员思想上容易产生波动，及时掌握有关思想动态，有针对性的做好思想政治工作，深入细致的注意从政治上、工作上、生活上关心分流人员，尽可能帮助分流人员解决一些实际困难，把工作做深做细，及时化解矛盾，做到思想不散、秩序不乱，人员妥善安排，工作正常运转。

（3）严肃改革纪律，确保政令畅通，保证机构改革方案一经批准，就必须不折不扣的严格执行，要求撤、并、合、转等部门的领导同志，以大局为重，正确认识个人的进、退、留、转，以实际行动支持改革。

（4）加强配合协作。从领导到基层搞好上下配合，并要求组织、财政、办公室等部门集中力量、集中精力、全力以赴，扎实细致的做好改革的具体组织实施工作。

在严格执行人员分流措施的保证下，边临镇这次全方位的政府机构改革，取得了较为理想的成绩，但在人员分流过程中，由于各种利益关系的交织，有些改革措施还难以落实，为此，在 2002 年乡镇机构改革基础上，2004 年边临镇再次推动了精简乡镇机构，深化实施人员分流的机构改革。

第三节　政府机构改革和人员分流方案的深化

2004 年以中共十六大和十六届四中全会精神为指导，以市、县加强乡镇财源建设深化配套改革会议精神为指针，为进一步转变政府职能，精简机构，压缩财政供养人员数量，切实减轻财政负担，加强国家公务员和机关工作者队伍建设，逐步建立起运转协调、精干实效、行为规范，符合乡镇特点的管理体制和运行机制，边临镇政府根据 2002 年乡镇机构改革的既定部署，又实施了新一轮深化机构改革和人员分流的方案。

首先，制订了新一轮机构改革的两个主要任务，即，一是按照"精简、统一、效能"的原则，对职能交叉、相近的机构坚决予以合并或裁减，对自行设立的机构一律撤销。并根据县委、县政府要求，结合全镇工作实际，将党政机构、事业单位设置为党政办公室、经济发展办公室、社会事务管理办公室、财政所、农村经济经营管理站、土地管理所、农村社会保障所、农业综合服务中心、计划生育服务站、司法所 10 个部门。机构改革后，合并裁减部门 3 个。

二是根据 2002 年乡镇机构改革的既定部署，适应新形势下工作职能、任务的变化，彻底清退临时工、借调和自聘人员，搞好机关工作人员定岗和竞争上岗。并根据市、县二类乡镇精简在岗人员 10% 的比例要求，精简全镇在编在岗人员 117 人中的 12 人。

其次，确立了本次人员分流的双重原则，即"先疏导分流，再竞争上岗"的工作原则和"德才兼备、注重实绩、公开公平、群众参与、民主评议、双向选择以及集体研究决定"的用人原则。

最后，制订了人员分流实施的五个步骤，即，一是疏导分流：充分利用宣传发动、政策促动、利益驱动和做思想工作推动，对率先离岗到企、事业单位兼、任职人员，兴办各类服务型经济实体人员和年轻有为、有心"下海淘金"的人员做多方面深入细致的工作，讲明政策，讲清待遇，鼓励他们打破常规，先行一步，以满腔热情投入改革，到更大空间实现价值。

二是竞争上岗：采取双向选择，先竞争部门负责人，后竞争部门职位的方式方法，竞争上岗。其程序和方法步骤是：先制订出方案，上报县委、县政府审批，并根据全镇的机构设置，将分流后留岗人员数分解到各部门；然后报名和资格审查，召开全镇机关干部动员大会，明确讲清楚末位淘汰制度，发布竞争上岗实施方案（各部门人员设置情况），符合上岗条件的人员书面申请报名。

三是面试答辩。参加面试答辩的评委根据部门业务工作特点（如农业科技、招商政策、会计计账、信访、计生条例、土地承包政策、优抚政策等）及政治素质、组织协调、工作经验、工作事业心、群众威信等职位所需任职资格条件，对参加竞争上岗人员进行面试答辩。面试答辩的评委由镇党委政府成员、县纪检委、组织部、人事局派员和一定数量的群众代表组成，面试答辩总分值100分。

四是民主测评。面试答辩结束后，镇党委、政府组织全体工作人员和部分农村干部对参加竞争上岗人员进行民主测评，民主测评分值100分。

五是决定任用和末位淘汰。由镇党委、政府根据得分情况集中研究，决定各竞争上岗人员的任用和选配，并进行末位淘汰，分流差额人员。同时对竞争上岗人员进行公示，公示无问题的办理正式任用手续。

另外，为增强机关干部工作的主动性、积极性和创造性，激发工作热情，形成长效用人机制，在竞争上岗和末位淘汰分流工作完成后，由镇党委、政府对照县机关干部年度考核测评意见，根据民主测评结果和面试答辩结果对综合成绩后三名的同志给予黄牌警告，由镇主要负责人给予训诫谈话，并明确提出连续三年后三名者给予淘汰的警告，实行"末位训诫制"。

由于边临镇党委政府这次机构改革工作的细致部署，改革的整个过程都按照程序规范操作，镇党委政府没有采取任何强制措施，脱产干部都认为这是一次公平的竞争、公正的改革，基本达到了镇领导和脱产干部的认可，没有一人提出任何意见，理顺了各种关系，使镇村两级的干部能够团结一致，心往一处想，劲往一处使，全镇呈现出了政治安定、社会稳定的良好局面。

作为乡镇深化改革试点单位的边临镇，2004 年这次机构改革不仅过程平稳，而且很有成效。全镇辞职自谋职业有 8 人，一次性买断人员达到 27 人，清退了临时工 7 人，清退了借调人员 3 人，精简机构 4 个，进一步精简了干部队伍，优化了职能部门结构，提高了工作效率。

第 八 章

边临镇财税改革与管理

　　由于乡镇一级政府财政是独立的，与上级财政分灶吃饭，除条管部门外，人员工资都由乡镇自己负责。在广大农村地区，由于税源较少，乡镇收入用来保证教师、行政人员工资和维持政务的正常运转都成问题，迫于自身的生存压力，乡镇政府也就很自然地会向农民寻求利益，而政府冗员的直接后果就是农民负担的加重。显然，农民负担和乡镇政府运作机制以及农村管理体制密切相关，这是我国乡镇普遍存在的现象。因此，在推动政府机构改革的同时，为解决农民负担问题，2000 年我国中央政府也开始推行农村税费改革，先是将原来农民负担的费纳入税，也即将原来由乡镇政府收取的"三提五统"（"三提"是"公积金、公益金、管理费"；"五统"指"五项统筹"，包括教育附加费、计划生育费、民兵训练费、民政优抚费、民办交通费）纳入农业附加税，使农业税比例有所增加，但此举只是改变了乡镇政府直接参与农业收入分配权力的局面，农民负担由乡镇直接控制变为国家直接控制而已，并未从实质上减轻农民负担。因此，从2004 年开始，政府又开始实行减征或免征农业税的惠农政策，到十届全国人大常委会第十九次会议高票通过决定，自 2006 年 1 月 1 日起废止《农业税条例》，至此，我国延续了 2600 年的农业税寿终正寝。

　　消除政府冗员，转变政府职能与农村税费改革，取消农业税，使我国乡镇政府面临着机构改革与转变财务管理体制，加强财源建设两大任务，边临镇政府在这场顺应时代要求的改革中取得了较为理想的成绩。由于乡镇政府机构改革在很大程度上与农村税费改革、农村财务收入状况以及镇政府财务收支状况有密切关系，在了解了上一章边临镇政府机构改革的具体历程与实施方案后，本章我们来介绍边临镇的财政税收状况。

第一节　"三取消、两调整、一改革"的
农村税费改革

　　税费改革是建国以来继土地联产承包责任制改革之后，农村的又一次重大经济改革，是解决农村社会热点难点问题，维护稳定，促进发展的有效途径。农村税费改革的目标，按照中央的要求，可归纳为"减轻，规范，稳定"六个字，其中"减轻"是指通过改革，切实减轻农民的实际负担；"规范"是指加快形成农村规范的税费政策和征收办法；"稳定"是指新的农村税费政策、征收办法及农民的实际负担水平要保持稳定。

　　围绕中央要求的"减轻，规范，稳定"六字目标，边临镇在坚持实事求是、公开、公平、公正的原则下，以减负为中心，以发展经济为后盾，全面地推进了以"三取消、两调整、一改革"为内容的农村税费改革，具体来说，涉及以下几个方面：

　　首先，实行了三个取消，即取消了生猪屠宰税、取消了乡镇统筹款、取消了农村教育集资等专向农民征收的行政事业性收费及政府性基金和收费。

　　其次，进行了两个调整，即调整农业税政策、调整农业特产税征收办法。调整后的农业税以第二轮土地承包面积为计税面积，以1998年前5年的粮食单产为计税产量，以7%为地区差别比例税率上限，以国家粮食收购保护价为计税价格，确定每个农户的应征税额。为核实确定农业税计税土地面积，边临镇成立了5个土地专门核查小组，由党委政府成员任组长，吸收了土管、经管、财政人员参加，到各村监督指导应税土地丈量核实，丈量时吸收镇村干部、村民代表参加。

　　在应税土地丈量核实过程中，首先是确定村与村之间的界线，先量定大方面积，再入户丈量，丈量过程中发现比过去增加或减少，要求必须说明原因，丈量结束，张榜公布核查情况，接受群众监督。其次是根据第二轮土地承包合同，农民从事农业生产的，计税土地为第二轮承包合同实际用于农业生产的土地。其三对于大棚生产用地，规定棚内棚外的合理占地视为大棚占地，包括大棚专用道路占地面积。其四要求鱼池占地，按实际可利用面积计算，计特产税。五是据实统计新开垦的荒地，对其专门造册

登记，并编制新开垦土地使用情况统计表，包括开垦时间及使用情况。

在核实确定了农业税计税土地面积基础上，边临镇也同步从五个方面确定了税源的等级类别，规定：

（1）凡第一轮土地承包合同中已确定土地等级的，原则上按承包合同的等级核实，没确定等级的，由土地核查小组和村干部、村民代表、逐步核实认定，并在全村范围内张榜公布，接受群众的评议和监督。

（2）关于养殖业的占地，与其他耕地一样核定常年产量，计征农业税及附加。

（3）对有偿租赁计税土地从事非农业生产的，按同类计税土地标准核实常年产量，其税款在土地租赁收入中缴纳。

（4）对荒地开发后从事农业生产的，从实现收入起，三年内免征，五年内减半征收。

（5）关于农业特产税计征税额的核定，按照中央关于农业税和农业特产税不重复交叉征收以及农业特产税略高于农业税的要求处理，农业特产税计征税额与同等土地农业税额相挂钩，限定在农业税的200%以内，以保护从事农业特产经营者的积极性。

其三，明确了全镇税费改革涉及的相关问题以及征收办法。一是对于全镇的承包土地，要求一次性缴齐几年承包费的，承包户只缴纳农业税或农业特产税，至多缴承包费与两税附加抵顶完为止。二是对于大棚生产用地，要求据实统计登记大棚带地问题。三是开展大规模、彻底的清欠工作，解决群众集体以及各村欠镇的债务，规定集体欠群众的债务，一律由两税附加抵顶。四是规定对不承包土地或承包土地明显少于当地人均水平的，并从事工商业活动的农村居民，在新的农业税负担人均水平内，向其收取一定数额的资金，用于乡、村集体公益事业的发展。五是规定70岁以上的老人不缴纳两税附加部分，由镇财政对村级返回两税附加时，将老人应缴附加返到村，由乡镇财政负担对老人的照顾。六是对各村病弱残者，要求村集体对他们酌情照顾。

与此同时，也制订了全镇税费的征收办法，规定两税及其附加，由乡镇财政部门负责征收；农业税及附加分夏秋两季征收，实行征收粮食实物和现金并存的征收方式；而对于农业特产税及附加另行征收，则简化征收环节，采取秋季一次缴清的办法。

第二节　农业税的取消

农村税费改革完成之后，国家和农民之间的分配关系主要是以征收农业税（部分产品征收特产税）的形式体现，农村税费改革取得重大成果，大大减轻了农民负担，通过法律形式规范了农村财政制度。但是，在实际操作中，基于以下原因，税费改革后的农业税仍不是理想的税收制度：

首先，对农民个人所得征税不存在免征额，而对其他公民个人所得则有一定数额的免征额；其次，在农村征收产业税（如农业税和农林特产税），而在城市则不对产业征税（如没有工业税和商业税等）；第三，税费改革后的农业税，比城市工商税收中的流转税税负要重。如从税率来看，增值税中小规模纳税人的征税率为4.6%，营业税税率一般为3.5%，普遍比农业税税率低3.4个百分点，平均低一倍。第四，从税赋归属来看，城市工商税是可以转嫁的，由消费者负担；而农业税是不可转嫁的，纳税人就是负税人。第五，从经营成本来看，农民种粮除去种子、农药、化肥、用工等成本后，基本无赢利，时有亏损。而城市工商业者绝不会保本经营，更不会亏损经营，从经济学的角度看，这是不公平的，从政治学的角度看，也是不公正的。第六，由于我国大部分年份将80%以上的财政支出用在只占总人口不到40%的城市，而占总人口60%以上的农村只能获得不到20%的财政支出。这种城乡不统一的财税制度，拉大了城乡差距。

此外，农民以债抵税，农业税征收较难。以前乡村集体向农民借款、集资，垫付税费，现在这些农民要求以债抵税，在他们看来合情合理，村干部和税务干部虽然知道不规范，许多时候也没有办法。而在征收法规上，征管无法可依。现行的税收征管法明确说明农业税的征管不在此法规范之列，至今仍无农业税的征收管理条例，对偷税、漏税、抗税也无处罚措施，即使按现行的税收征管法对违章者进行处罚，最快也要72天才能开始有效执行；在征收手段上，由于农产品的收购，交易都是现款现货，不通过银行转账，除了在收购时可以代扣代缴外，只能采取最原始的办法上门征收，这种征收手段的落后，使得现实操作困难重重。

在这种现实情况下，从2004年开始，农村税费改革又进入深化阶段，开始实施清理化解乡村不良债务、取消牧业税和除烟叶外的农业特产税；实行取消农业税试点并逐步扩大试点范围，对种粮农户实行直接补贴、对粮食主产区的农户实行良种补贴和对购买大型农机具的农户给予补贴等措施；到 2005 年，全国有 28 个省份全面免征了农业税，山东省也按中央要求将农业税税率降到 2% 以下。到 2005 年 12 月 29 日，十届全国人大常委会第十九次会议多票通过决定，自 2006 年 1 月 1 日起全国废止《农业税条例》，取消除烟叶以外的农业特产税、全部免征农业税，使中国延续了2600 年的"皇粮国税"走进了历史博物馆。

取消农业税，是继农村税收制度改革后的又一大飞跃，也是一项具有划时代意义的改革，可以说，是一场继土地改革和家庭联产承包责任制之后我国农村体制第三次真正意义上的伟大革命，它标志着我国结束了几千年按田亩、产量、人丁向农民征收农业税的历史，极大地调动了农民从事农业生产的积极性，极大地解放和发展了农业劳动生产力，极大地促进了农村经济的发展。

第三节　农村财务的"双代管"管理

在农村税费改革，特别是取消农业税后，出现了乡镇财政和村级收入均有不同程度下降的现象，对乡村政权组织运转和农村义务教育投入也带来了一定的负面影响。在这种情况下，边临镇坚持开源节流并举，增收节支并重，"加法减法一起算"的措施，着重从完善政策和机制上破解困境。同时，也为了改变少数村庄财务不清的现状，增强村级财务管理的透明度，促进农村基层班子廉政建设，边临镇对全镇农村财务实行了"双代管"管理，即对农村财务实施了四个管理和四种制度。

一　四个管理

所谓"四个管理"是指财务管理、资金管理、财产管理和会计人员的管理，从加强和规范此四方面的管理，来开源节流，稳定村级收入来源，减轻乡村支出压力。具体而言，四个管理是：

（1）财务管理：规定镇经管站按村分别设总账，往来账，财产物资账，现金账和收支明细账，并要求村级设立现金日记账，财产登记簿，往来登记簿，集体用工，土地承包簿等一账四簿。规定对于记账凭证的填制及管理，由村支书依据镇经管站审核过的原始凭证才能填制记账凭证，一式两份，附有原始凭证的一联，留镇经管站记账保存，另一联由经管站盖章后，由村文书记账保存。

（2）资金管理：规定村集体所有资金必须全部上交经管站保存，一律不准私设"小金库"，搞账外账，隐瞒账目，乱动资金，违者按贪污公款处理；各村收入的现金，必须足额上交，不得坐支；实行财务开支申请制度，村集体如需用资金，可先写出申请，递交镇经管站审批后，方可支取现金；对于兴办公益事业需用资金的，规定必须经村民议事小组讨论决定，并签字按手印，保证手续的完备性之后，方可支取现金；对于月底剩余的现金，要求必须全部上交经管站。

（3）财产管理：对所有固定财产一律登记造册，记入固定财产账；明确集体财产不得私自外借，未经批准不得私自处理，对擅自拍卖处理集体财产者，依法追究其责任。

（4）会计人员的管理：要求各村必须配齐一名文书，由村委会推荐，镇政府聘用，其他人无权任免，杜绝村支书（或村主任）"条子""票子"一把抓的现象；要求各村文书要服从领导，按时完成上级交给的各项工作，积极参加业务部门的培训，必须按月按时报账，迟报一天，罚款20元。

二　"双代管"管理的四种制度

为支持"四个管理"，边临镇还出台了相关的审计制度、审批制度、报账制度和账目公布制度等四种制度，与之配套，力求从制度上规范农村财务的管理行为，形成制度性约束力。具体而言，四种制度是：

（1）审计制度：审核农村的会计报表、凭证、账簿、收益分配等资料的完整、真实、合规合法性；严格审核农村财务收支、预算、信贷等项目；严格审核农村的现金、财产物资的完整、安全及使用情况；严格审核农村各项提留使用，"两工"和干部报酬情况；严格审核财务管理制度的完善及执行情况；对被审单位违反财经纪律的行为进行专案审计；接受镇党委政府的委托，对有经济组织的负责人进行离任审计；向各村文书提供审计咨询服务；审计方法、报账审计与就地审计相结合；对阻挠、拒绝和破坏审计工作的单位，采取封存账册、冻结财产等。

（2）审批制度：要求村资金收入手续，必须使用市县经管站统一印制的编号盖章的收入单据；规定一切支款及报销凭证，首先经支书批准，会计审核把关，经办人签字，镇经管站审查盖章后，方可报销；对于村使用资金时，规定先要由委托人写出申请，盖上公章，支书（或主任）签字，要求一式两份支款收据，交镇经管站审批后，方可支取现金。

（3）报账制度：规定报账时间是每月 1 日至 5 日，为村支书向经管站报账时间；要求所有单据必须内容完整，且由经办人、支书或主任签字并注明事由、审计员盖章后方可入账；对当月发生的经济业务要求必须当月报账，否则不予入账。

（4）账目公布制度：要求各村必须将本村的财务情况，每月度末逐笔、逐项张榜公布一次，自觉接受群众监督评议。时间为每月 5 日前公布上月账目，对逾期不张榜公布的，党支部书记（或村委人主任）要向党委、政府做出解释。

第四节　乡镇政府的财政收支管理

"收支两条线"管理是指具有执收执罚职能的单位，根据国家法律、法规和规章收取的行政事业性收费、政府性基金和罚没收入，实行收入与支出两条线管理，是政府为管理包括预算外资金在内的政府非税收收入资金而进行的一项财政改革，主要目的是为了解决政府非税收收入资金的"乱收费"和对收入资金的缴纳管理问题，是一项政府内部控制制度。为了加强镇政府对财政收支的内部控制，边临镇政府采用了"收支两条线"的政策，来加强预算外资金的管理。

由于全镇预算外资金主要有三个方面：计生办、经委、土地所，边临镇政府规定这三个部门的收入全部上缴财政所，纳入财政统一管理，每月核查一次，其余部门支出，则规定由书记审批后再由财政支付，把"收"和"支"分开，实行"收支两条线"，并制订严格的标准，进行检查考核，落实乡镇财政收支的规范和要求。

首先，在财政收入管理方面，主要关注两个方面：一是政府收入，规定现金收入当日要存入银行，保障资金安全；对于所要的支付现金，可从政府库存现额中支付，不得从现金收入中直接支付。二是规定不能用违反制度的凭证顶替现金；杜绝用银行账户代其单位或个人存入或支取现金；规定不得公款私存，不得设立账外公款，不得设立"小金库"。

其次，"收支两条线"管理方面，落实"收支两条线"的精神，要求把全部收入纳入统一的财政管理，把"收"和"支"分开，堵住漏洞，建立有效监管机制，力求从源头上发现问题，解决问题和预防问题。

边临镇政府在乡镇财政实行了收支两条线管理后，不仅加大了乡镇财政的监管力度，还推动了该镇财政管理工作步入了"理财民主化、管理程序化、监督制度化"的规范化管理轨道。

第 九 章

边临镇的小城镇建设

边临镇农业与工业的快速发展，尤其是工业经济的发展，为其城镇经济发展奠定了基础。为此，边临镇将城镇建设与镇工业发展紧密结合，形成了以棉纺加工业为龙头产业来带动其他产业共同发展，在发展民营经济的同时与小城镇建设、与市场建设相结合的工业发展道路。在这条工业发展道路引领下，20世纪末，边临镇的小城镇建设也步入了快车道。在全镇上下大力推动下，边临镇不仅在小城镇建设方面上了规模、上了档次、上了水平；而且在小城镇建设的推进下，也使边临镇经济发展进入了一个工业经济与城镇经济互动的全新时期。

第一节　村镇建设与城镇建设

边临镇地理位置优越，农业基础雄厚，工业门类齐全，文教卫生和其他社会基础设施建设较为完善，集市贸易活跃，是历史上有名的"四集六镇"之一，也是周围经济、文化中心和物资集散中心，这些特点为边临镇城镇经济的繁荣奠定了良好的基础。早在80年代，边临镇政府就曾遵照有关发展建设小城镇的重要指示，发展了村镇建设与城镇建设；而当1999年边临镇被选定为全县的"中心镇"后，则进入了全镇大规模推进小城镇建设的全新时期。为此，边临镇政府围绕"搞好中心镇建设，推进城乡一体化"的总体部署，精心组织，科学规划，把中心镇建设纳入了全镇经济发展的总体规划。

十一届三中全会极大地调动了广大农民的积极性，农村经济得到振兴，群众收入开始大幅度提高，边临镇广大农民不但完全解决了温饱问题，而且从经济上具备了修建家园的力量，在这种情况下，全镇的村镇建设开始如火如荼，村民住宅翻新、重建、新建的热潮涌起。例如，在村民住宅建设上，已由过去的砖碱脚、土坯房、小门窗发展到了石基础、砖砌三七墙、双裁口、大门窗、梁的宽敞明亮的新房；其中大部分新房不仅注重建筑质量，而且在造型美观、样式新颖、设计合理等房屋的舒适度和装饰面上下工夫，农户在建房上开始考虑卧室、会客室、餐厅和厨房等的布局问题，使居住者舒适、起居方便。

与此同时，边临镇城镇建设也初见成效，如总投资达 300 多万元，新建了镇油厂、化工厂、电缆厂等，与一九七八年相比，当时边临镇只有六处小企业，年产值不足百万元，到一九八五年已发展到十一家企业，年产值达到 965 万元，比一九七八增长近 10 倍；而新建的乡镇企业还为农村剩余劳力来就业提供了基地，如一九七八年只有 340 位农村劳动力在镇务工，到一九八五年就达到了 1192 名，并有 110 人共计 54 户自理口粮来边临镇安家落业，务工经商。另外，除新建厂房外，全镇还新建了影剧院办公楼、新拓宽了 24 米宽的大街，搬迁居民房子 303 间。可以说，八十年代边临镇的村镇建设和城镇建设，不仅促进了全镇文化教育、卫生、商业服务、市政公用设施的较快发展，也使其成为当地的政治、经济、文化教育及其他事业的中心地区。

第二节　"中心镇"建设的总体规划与成就

边临镇的城镇建设，一直以来就与全镇的工业经济发展相辅相成，当 1999 年边临镇被选为"中心镇"后，镇政府就开始通盘考虑，思量如何把中心镇建设纳入全镇经济发展的总体规划，并形成了"统筹规划、分步实施、重点突破、加快发展"的"中心镇"建设方针。

一　"中心镇"建设的总体规划

在"统筹规划、分步实施、重点突破，加快发展"的方针指导下，按照总体规划要求，边临镇先后投资了 400 多万元完成了全镇"三纵五横" 8 条主要街道，总长度达 12.8 公里，街面宽度被拓宽到 30—40 米，使全镇主要街道两旁，形成了二层以上楼群为主，"前居后厂"或"上室下店"

拓宽与路面硬化的道路

式的经营格局，同时加大投入，全镇争取项目和外援资金 300 万元，对南环路、政府街、边三街进行了拓宽与路面硬化。

此外，镇政府还根据全镇的资源布局、产业结构和区域位置，设立了"两区、四专、一市"，一方面形成了小城镇建设规模，具体来讲，所谓"两区"是指建设了占地 200 亩的县级民营经济园区和占地 500 亩的市级工业园区；所谓"四专"是指建设了四处专业市场；所谓"一市"是指一处综合贸易市场，即投资 40 万元，动工 20 万元新建的镇北大市场。另一方面，边临镇的"两区、四专、一市"建设，也为工业发展构建了基地。如镇政府采取了"政府定规划，农民出资建门面"的方式，本着"谁出资，谁受益"的原则，引导农村剩余劳动力进镇从事兴办第二、三产业，有效地促使了全镇个体私营经济的规模膨胀，如 1999 年全镇个体工商业户达到 1582 户，从业人员 5581 人，私营企业发展到 46 家，其中合资企业12 家；又如在镇北大市场落成时，召开镇北大市场物资交流大会，吸引了大批个体私营大户、工商业户前来投资经营或办厂。在交流会期间，除了吸引了本地的个体私营大户，还吸引了乐陵、武城、德州、天津、吴桥等地的部分个体工商业前来参观，签订了来镇办面粉厂、食品加工厂的合作意向书，并与织布厂、纺纱厂、前华毛毯厂等企业签订了供货合同。整个交流中，客流量突破 3 万人次，摊位达到成交 1536 个，交易额达 50 多万元，不仅使镇北大市场呈现出良好的发展势头，同时还为全镇经济的发展注入了新的生机与活力。

此外，边临镇的中心镇建设，除了与工业发展结合外，也与市场建设相结合，与周边村庄的规划建设相结合起来。如在镇北大市场落成使用时，镇政府就决定以此为契机，建成棉纺加工专业市场，农副产品加工专业市场与建筑材料综合市场，使市场建设向专业化、规模化发展，重点推动了前华再生纺织区，毛毯加工专业区，边一铁业加工专业区，魏集粉皮加工专业区，范桥、西张运输专业区的规模发展，并用 2—3 年的时间，辐射带动周围 10 个村庄搞经营入市场，形成大中心镇格局，将镇驻地面积扩大一倍。为此，1999 年边临镇政府投资 350 万元，动工 50 万元完成了 4 条街道的拆迁、取直、拓宽和柏油路铺设任务，在民营经济园区内建成两层楼房 20 余栋，使摊位由 1997 年的不足 400 个增至 1200 个，客流量由原来的不足 6000 人增到 15000 人，日成交额达 30 万元。

新建政储蓄所

在几年"中心镇"建设的推动下，2003年边临镇道路已全部实现了硬化，实现了统一供水、供电、通讯设施完备的商贸、工业发达的新兴镇，并形成了一处工业园区，一处个体和营经济开发区，一处住宅小区，三条商业街的合理布局状况。

另外，在"中心镇"建设中，边临镇还不断发挥自身的交通区位优势和农产品资源丰富的优势，发展了农产品加工企业2处，发展了高科技产业企业1处，建成了高标准商场1处，医院2处，文化娱乐场所2家，初级中学2处，新增邮电机构2处。经过一系列大刀阔斧的"中心镇"的建设，为边临镇逐步成为一个带动性强、辐射面广的现代经济强镇奠定了基础。

二 "中心镇"建设的成就

与工业发展结合，与市场建设相结合的中心镇建设，使边临镇经济获得了持续、快速、健康的发展，使镇办企业规模不断扩大，企业职工数量不断增加，民营经济园区综合开发成就显著，个体工商业户总量激增，取得了显著成就，有效地推进了边临镇的城乡一体化。

首先，镇办企业规模不断扩大，企业职工数量不断增加。如1999年全镇工业园区建设中，与天津一棉合作组建的纺纱厂总占地面积达到了3万平方米，生产能力达到了8000纱锭，实现产值3000万元，创利税150万元；与往州一棉合作，投资700万元新建的拥有240台织机的织布厂，年产各类坯布50万米，实现产值3000万元，利税210万元。1999年6月，投资600万元，对镇油棉厂实行了租赁，盘活了1500多万元的固定资产，形成棉花加工、纺纱、织布一条龙生产线，实现了镇纺织业集团化生产的总体格局。2000年投资500万元，上500纱锭生产规模的纺纱厂一处；投资500万元，新上200台织机的织布厂一处。投资300万元，建2个面粉帮，吸引了3000名就业人员来工业园区安家落户，在镇办企业规模扩大和企业职工数量增加两方面都取得了突破性进展。

其次，在民营经济园区综合开发方面，坚持"培育特色，重点扶持，群众参与"的发展思路，加强了镇粉皮加工专业市场、铁业加工专业市场、纺织品加工专业市场、建材销售专业市场等四个专业市场的综合性开发，使其规模不断壮大，带动了全镇民营经济走产业化、专业化生产的路子，吸引了2000名就业人员从事专业化经营，成就显著。

第三，市场建设规模扩大，促使了个体工商业户总量激增。镇政府先后投资 300 多万元对商业街、边三街进行了深层次的开发，新建立了一处综合贸易市场——镇北大市场。其中商业街两旁新建二层商业楼房 10 多栋，新增个体工商业户 30 多家，使全镇从事产品销售、产品加工、餐饮卫生等各类工商业户已达 150 多家，摊位达到了 1200 个。

第三节　以现代化中心城镇为目标的小城镇建设

在"中心镇"建设的推动下，边临镇城镇建设虽然有了较快的发展，但仍存在不少矛盾和问题，主要体现在城镇功能不完善，设施水平较低，第二与第三产业发展还较为缓慢，对区域经济的辐射带动能力没有充分发挥，基础设施和公共服务设施不够完善，文化、体育、医疗卫生等社会事业发展较慢，与人民生活提高和城镇发展的客观要求不相适应。尤其是随着改革开放的不断深化，中、外客商云集边临镇，有相当数量的外商已准备和开始进行项目建设，当地民营经济发展势头强劲，但现有城镇规模及设施与之还具有一定的反差。在这种情况下，边临镇开始确立了以现代化中心城镇为目标的小城镇建设新思路，并对小城镇建设进行了具体的统一规划，使边临镇进入到完善城镇服务功能，推进城乡一体化的新历程。

一　边临镇小城镇建设的目标和原则

在以现代化中心城镇为目标的小城镇建设新思路下，边临镇政府确立了实现农业产业化、农村工业化、乡村城市化、城乡一体化，变区位优势为经济优势，逐步把边临镇建设成为规划科学，布局合理，设施配套，功能齐全，环境优美的中心城镇，尽快形成区域文化经济中心，使边临镇成为德州市中心地区改革开放和经济发展的重要"窗口"的小城镇建设目标，并为此制订了四项原则，具体如下：

一是可持续发展的原则。即要求边临镇的发展，既要注重立足长远，又要循序渐进；既要注重高效开发利用资源，又要注重保持资源的再生机制，注重协调乡镇驻地发展与村镇建设的关系，注重协调建设跨世纪的现代化城镇建设和保持传统风貌文化延续的关系。

二是实事求是的原则，即要因地制宜、量力而行，分类指导、合理布局，逐步发展，先规划，再发展，体现地方特色，努力做到经济、实用、美观。

三是服务与群众的原则。即树立为全镇经济特别是农村经济发展，为实现农村小康生活水平服务，为城乡社会主义市场经济体系的形成和发展创造条件的思想。

四是坚持求实创新原则。即要求在小城镇建设管理体制改革的基础上，认真贯彻珍惜和合理利用土地的基本国策，保护和改善生态环境，防止污染。

二 小城镇建设主要内容

在小城镇建设的目标和原则的指导下，边临镇本着"统一规划、合理布局、综合开发"的思路，拟订了两步走的小城镇建设项目实施方案，即第一步到 2005 年，城镇驻地要求面积达到 4.8 平方公里，城镇人口 6500 人，全镇总人口 2.76 万人，城市化水平达 24%；第二步到 2010 年，城镇面积达到 5.5 平方公里以上，规划为"五纵七横"的道路结构和"两场、四区、两园、一厂"的城镇框架结构。具体来说，所谓"五纵"是指一号路、德宁公路、中心路、文化路和东外环；"七横"指市场街、广场街、政府前街、南内环、生产道和万亩方腰道；"两场"是指集市商贸市场和蔬菜批发市场；"四区"为居住小区、工业园区、经济开发区和个体民营园区；"两园"为城南公园和千亩藕池园；"一厂"为自来水厂。

主要建设项目有：一是完善道路骨架工程及硬化路面、安装路灯，绿化、美化、给水、排水等设施建设，工程预算投资：3025.6 万元，包括 I级道路 4 条，II级路面 11 条和III级路面 3 条。

二是建设"两场"的道路、电力、通讯、给水及经营场所等基础设施建设项目，工程预算投资 120 万元，包括：

（1）集市商贸市场占地面积 10000 平方米，建 1000 平方米钢架结构玻璃钢瓦棚 4 个，建货台 800 米，砖砌地面、给水、排水、电力、通讯等基础设施建设，工程预算投资 70 万元。

（2）蔬菜批发市场占地面积 8000 平方米，建 900 方米钢架结构玻璃钢瓦棚 4 个，水泥面装卸平台 700 平方米。砖砌地面、给水、排水、电力、通讯等基础设施建设，工程预算投资 50 万元。

三是建设"四区"即居住小区、工业园区、经济开发区和个体民营园区，工程预算投资 80 万元，并随着"四区"的开发建设，逐步完善道路、给水、排水、电力、通讯、绿化、美化及必要的服务设施。

四是建设"两园"即城南公园和千亩藕池园，即按照归类规划要求和居民生活的需要，新建两个高标准、代表边临镇形象的公园，占地总面积60.8万平方米，项目工程预算投资380万元。

五是建设"一厂"即自来水厂，即预算投资300万元，成立自来水公司，新建自来水厂，实现城区生产、生活统一供水，使全镇日供水量达1.000m/日。

三　小城镇建设项目资金来源及总投资

边临镇的小城镇建设项目总投资3305万元，资金来源主要依靠建立多元化投资体制和多渠道筹资投入所筹，具体而言：

一是按规定收取基础设施配套费及市场管理费，可筹措资金180万元；

二是搞好房地产开发，用开发经营的利益投入小城镇基础设施建设，可筹措资金420万元；

三是通过拍卖建设权，经营权及租赁等形式，吸引企业、个人投入筹措资金570万元；

四是由县、乡财政投资500万元；

五是由群众以投工、投料及入股形式，可折合资金235万元。

附录　边临镇2000—2010年中心镇建设发展目标

内容 ＼ 年份	到 2000 年	到 2003 年	到 2005 年	到 2010 年
镇区人口数（人）	4200	5300	6500	11000
镇区面积（km²）	4.2	4.5	4.8	5.5
全镇城市化率（%）	30	32	34	38.9
基础设施投资数（万元）	300	450	570	720

第 十 章

边临镇的新农村建设

2006 年中央推出"一号文件"《中共中央国务院关于推进社会主义新农村建设的若干意见》，指出了"十一五"时期（2006—2010 年）是社会主义新农村建设打下坚实基础的关键时期，是推进现代农业建设迈出重大步伐的关键时期，是构建新型工农城乡关系取得突破进展的关键时期，也是农村全面建设小康加速推进的关键时期，这表明十六届五中全会提出的建设社会主义新农村的重大历史任务，将迈出有力的一步。

显然，建设社会主义新农村的过程，是积极推进城乡统筹发展的过程；是推进现代农业建设的过程；是大力发展农村公共事业的过程；是千方百计增加农民收入，农村全面建设小康社会的过程。为贯彻十六大和十六届三中、四中、五中全会精神，落实科学发展观的要求，边临镇在大举进行小城镇建设的同时，镇政府也开始积极统筹城乡经济，不断加大农村投入力度，完善基础设施，改善农村生产生活条件，加快发展农村社会事业，加强农村基层组织和民主法制建设，努力实践社会主义新农村建设，大力推动以小康村建设为中心内容的社会主义新农村建设。

第一节 小康村建设的总体目标与实施步骤

为搞好社会主义新农村建设，2005 年边临镇政府决定按照"生产发展、生活宽裕、乡风文明、村容整洁、管理民主"的总要求，以加强村镇建设规划和环境整治，建设新村镇；以发展农村各项社会事业，培育新农民；以加强农村民主法制建设和精神文明建设，倡导新风尚；以发展农村经济、建设秀美农村、培育新型农民为重点，构建和谐社会，开始实施以小康村建设为中心内容的新农村建设，并依据总要求，因地制宜，制定了符合本地现状的小康村建设的总体目标体系与具体标准。

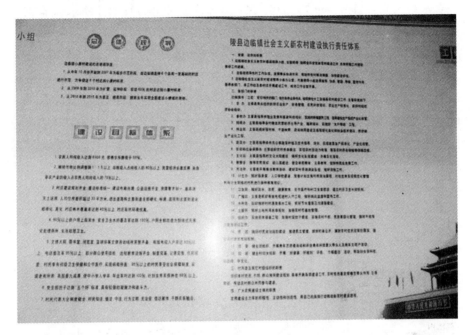

边临镇新农村建设的目标体系与执行责任体系

一　小康村建设的总体目标与具体标准

1. 总体目标

根据边临镇的实际状况，镇政府拟订了全镇小康示范村建设的总体目标，决定实施三步走战略：即从 2005 年 10 月份开始到 2007 年为小康示范村建设的起步、示范阶段，在全镇选择 6 个具有一定基础的村庄进行示范，使这 10% 的村达到小康村标准；从 2008 年到 2010 年为小康示范村建设的扩展、延伸阶段，实现 60% 的村庄达到小康村标准；从 2010 年到 2015 年为普及、提高阶段，五年实现全面建设小康镇的目标。

2. 具体标准

为实现小康示范村建设的总体目标，边临镇从提高农民收入、调整农业生产结构、发展农村公共事业以及搞好村镇建设等方面设定了五个标准，具体如下：

（1）提高农民收入，使全镇农民人均纯收入达到 6000 元，恩格尔系数低于 50%；

（2）调整农业生产结构，将粮经作物比例调整到 1∶1.5 以上，使非粮收入占纯收入的 80% 以上，促进全镇民营经济全面发展，使来自非农产业的收入占农民人均纯收入的 70% 以上；

（3）加强村镇建设，规划齐全村庄建设，建设标准统一，建设布局合理，公益设施齐全，房屋整齐划一，基本消灭土坯房，使人均住房面积超过 10 平方米。全部硬化、畅通全镇各村的进出道路和主要街道，主要街道全部绿化、美化，使全镇村庄林木覆盖率达到 40% 以上，村庄自然环境优美。另外，保障 90% 以上的农户用上自来水，使安全卫生水的普及率达到 100%。全部户厕改造为封闭式无害化处理厕所，保证全镇农民的生活起居卫生。

整齐划一的村镇房屋建设

（4）加强全镇农村公共事业，保证全镇文体大院、图书室、阅览室、篮球场等公共场所的文体活动设施完整齐备；使有线电视入户率达 90% 以上，电话普及率 90% 以上；保障村民享有初级卫生保健及合作医疗，实现老有所医；实现 95% 以上的村民享有社会保障制度，实现老有所养；巩固普九成果，使全镇中小学入学率、毕业率均达到100%，计划生育率保持在98%以上；规范远程教育站点建设，保证各种"硬件"齐全，制度上墙，"三簿一册"，记录完整，微机上网。

（5）建设好全镇的党支部班子，使其达到"五个好"标准，保证领导班子具有较强的凝聚力和战斗力。

二　小康村建设的实施步骤

为保证小康村建设的高标准、严要求、重实效，边临镇首先选择了经济基础较好、村级班子较强、规划有一定基础的村庄进行小康村建设的示范，整个示范工程从2005年10月开始，到2007年底结束，分两个阶段进行。

1. 宣传发动阶段

2005年10月至2006年1月，是边临镇小康村建设的第一个阶段，即宣传发动阶段。为搞好宣传，镇政府通过宣传车、宣传标语、党员干部会、群众大会等多种形式，在全镇促成创建小康示范村的浓厚氛围，使广大村民充分认识小康村建设的重要意义，并明确了建设内容、工作程序和工作标准。此外，在宣传中，还同时要求各村根据各自的实际，搞好小康村户型设计，制订出具体的实施方案，制订出台村庄和农民新村的建设标准。

2. 组织实施阶段

2006年1月至2007年10月是第二阶段，即组织实施阶段，在此期间重点从基层组织建设、发展现代农业、培育新型农民和建设秀美农村等十几个方面，组织实施落实。

（1）加强基层组织建设，建立健全党支部工作职责、学习制度、工作制度等，并全部制作图板上墙，对拟创建小康村的党员干部集中培训，培训内容要涉及政策理论、市场经济、农业科技、法律法规、民主政治建设及县委中心工作等。

（2）加强社会主义民主政治和法制建设，完善村委会选举制度，理顺村"两委"的工作关系；建立健全民主决策、民主管理、村务公开、村务管理监督四项制度，健全村民大会和村民代表会议制度，健全村民自治机制，使村民依法行使民主权利。

（3）建立健全民主理财小组，要求村务、财务每月公开一次以及村村要有普法宣传员、法制宣传栏，通过印发明白纸、定期进村入户宣传等方式，搞好法制宣传。

（4）各村成立治安联防队，加强农村社会治安综合治理，维护农村社会稳定，为农民群众创造安居乐业的良好环境。

（5）发展现代农业，实施村"两委"班子和党员队伍"双强"、集体和农民"双富"强村富民工程，围绕本地的资源优势和产业特色，推进农业综合开发和农业产业化经营。

（6）加大招商引资力度，加快农民的致富步伐，围绕种植、畜牧、林果、蔬菜、农产品加工等优势产业，加大产业结构调整力度，建设不同类型的专业村。

（7）加大劳务输出力度，通过有效组织，多方增加农民收入；通过建立各类专业经济合作组织、用足用活土地流转政策等方式，实现集体经济的积累，切实增强村级的服务功能。

（8）改善农业生产条件，村庄全部实现土地方田化，沟、架、林、桥、涵、闸等配套齐全，功能完备。

（9）培育新型农民，研究制订出村民文明公约、文明用语和"文明新风户"标准，印发到每个村庄、每个家庭，并协调教育、妇联、团委等部门；制订"送文明新风进万家"活动总体方案，深入广泛地开展好这项活动。要求每年12月份，组织开展评选文明村、文明户、青年志愿者、巾帼建功、科技带头人、好婆婆、好媳妇、好邻居等群众性文明创建活动；对村风、民风进行整顿，破除迷信、移风易俗。

（10）开展科教、文化、卫生"三下乡"活动，传播先进思想，普及科学知识，丰富农民精神文化生活；要求各村庄要建文化大院，对经济基础好、村庄规模大的村要建立幼儿园，积极开展对贫困学生的教育救助活动，使中小学入学率达到100%。

（11）建设秀美农村，利用春秋植树造林的大好时机，搞好村林网建设工程，各村庄主要道路及庭院实现绿化、美化；彻底清理柴草堆、垃圾堆；整治乱扯乱挂电线、电话线和广播线；搞好畜禽栏舍的设计和规范，完善治污措施；对村内无人居住的土坯房进行拆除，对外观形象差的房屋要进行维修；对农村现有户厕进行改造，达到有顶、有墙、通风、无臭、无味，达到街道硬化畅通、房屋整齐划一；加强农村宅基地的审批管理，搞好项目建设用地和宅基地的定点、画线和验收工作。

（12）全面实施饮用水改造工程，保证安全卫生水的普及率达到100%；加强基础设施建设，要求每村建一处面积70平方米，诊断、治疗、药房、观察室分别独立的卫生室，工作人员要达到2人以上。

（13）每村要建一处配套完善的学校；保证电话、有线电视、自来水入户率达到90%以上；要进一步规范远程教育站点建设，各种"硬件"齐全，制度上墙，"三簿一册"，记录完整，微机上网。

第二节　小康村建设的重点示范村简介

边临镇的小康村建设策略是实施重点培养，以点带面的战略决策。镇政府经过示范村的选择与建设，拟订了全镇六个初具特点和规模的小康示范村，即边一、前华、魏集、周庄、西魏村和仁义店，以下就对各村的基本状况和特色做一简介。

一　边一村——铁业加工专业村

边一村加工业户有80多户，从业人员300余人，占全村总人数的75%，有30多辆农用车专门负责销售工作。1998年全村铁圈实现加工产值800万元，创利税1000万元，人均纯收入达到4500元，成为远近闻名的小康村和名副其实的铁圈加工专业村。

二　前华村——再生线纺织和蔬菜生产专业村

前华村大力调整产业结构，优化农业种植结构，把发展蔬菜生产和民营经济作为带动全村经济发展的重点。该村共拥有天津式冷棚400个。1995年，该村自己筹集资金10万元建起了前华再生线厂，主要利用从纺纱厂、服装厂收购的下脚料为原料，经过加工，生产再生线，然后用再生产线生产拖布，形成了鲁西北较大的拖布生产基地。后与浙江苍南速纺机械厂联营，投资560万元新上无梭毛毯及配套设施项目，主要生产中、低档提花，印花毛毯，可实现年产值3000万元，利税260万元，1998年，全村居民存款260万元，人均8400元，人均纯收入4830元，提前跨入"小康村"的行列。

三　魏集村——粉皮加工专业村

魏集村全村共有 320 户从事粉皮加工，年创产值 920 多万元。粉皮加工带起了饲养、种植业的发展。废渣养猪，猪粪上地，起到了美化环境，有机肥养地的效果，每个加工户年能出栏 30 头猪，仅此一项，全年增收 3 万多元。小区的副业产值年创 900 多万元。

四　周庄村——多种经营专业村

周庄形成了以水果和蔬菜为主，日用百货，食品加工，运输业等多种生产经营活动共同发展的良好局面，1998 年，人均纯收入就达到了 2825 元，从事个体私营经济的人员达到了 176 人，占总人数的 35%。

五　仁义店村——农业特色种植专业村

仁义店村有 404 口人，285 亩耕地，仁义店充分利用地多的优势，大力调整种植结构，形成瓜菜、畜牧、水果、良种繁育四大主导产业，拥有果树 200 亩，养殖大户 20 多户，良种繁育基地 300 亩，发展冷棚 200 个。

六　西魏村——木业加工村

西魏村党支部以"带领村民发家致富，建设社会主义新农村"为己任，本着"创新是关键，富民是根本，发展是硬道理"的原则，扎实推进社会主义新农村建设，并取得了明显成效。

西魏村是由传统的种植大田作物为主的村庄，现有人口 455 人，耕地 736 亩。近年来，村党支部带领村民不断探索致富之路，积极为村民送技术、选项目，特别是宏森木业总经理魏显军任村党支部书记以后，全村在他的带领下，认真总结过去发展经济的经验，及时调整了工作思路，因地制宜，科学谋划全村经济发展，确定了"发展木业加工，推动农村经济，建设社会主义新农村"的发展思路。

在这一思路的指引下，西魏村将村南 20 余亩闲散地辟建为木业加工基地，将村中现有的三家木业加工户集中迁居基地，采取"支部牵头、村民自建"的形式，投资 50 万元，增加 10 台旋切机，解决了全村 100 余名 35—55 岁的劳动力的就业问题，年实现产值 100 万元。此外，为了更有效地促进木业加工的发展，在本村实现产品自销，由村委会控股，村民自愿入股，投资兴建了 200 万元的胶合板厂，使本村的产品不仅实现自我消化，还能吸引其他村木业加工户的产品。

在招商方面，2006年初西魏村采取"联建和招商建设"的方式，在集贸市场两侧建成2栋商品楼，营业面积在2000平方米以上，可容纳30余家个体工商业户，年可实现租金、税收10万元。在基础设施建设方面，西魏村"两委"多方筹集资金13.5万元，硬化路面350米，疏通排水管道400米，种植垂柳200多棵，绿化道路1000米，将村村通公路进行了美化、净化、亮化。为解决村民浇水问题，打配套机井15眼，维修扬水站1座，使全村田地4—5天可以完全浇完。

第三节 新农村建设的措施与尝试

以小康村建设为内容的新农村建设是一项探索性的全新工作，没有现成的经验和模式可以借鉴和效仿，当前，边临镇有6个小康建设示范村，目前都有一定的特点，仁义店村有工业园区，前华村有大面积的大棚，西魏村、边三村木业加工形成了一定的基础，但是产业没有达到规模化，只有少部分人生活比较富裕，没有在真正意义上让全体农民致富，村级经济没有形成产业化，目前，边临镇要实现小康村建设目标，还需下大力气才能达到。

对此状况，边临镇政府高度重视，将社会主义新农村建设工作列为了重要议事日程，并召开全镇新农村建设动员大会，本着立足实际、实事求是的原则安排部署相关工作，采取了具体措施，并在新农村建设过程中作了一些有益的尝试。

首先，加强了组织领导，强化了党委政府的推动作用。在边临镇社会主义新农村建设工作启动伊始，就成立了由镇党委书记乔瑞华任组长，各副书记任副组长的领导小组，同时还成立了由管区、办公室、财政所等部门25名骨干干部组成的新农村工作队，进驻到各示范村进行指导、帮扶。同时，每个示范村中也成立了由村干部和村民代表组成的新农村建设小组，配合工作组抓好各村建设工作。

其次，积极宣传发动，提高干部群众对建设社会主义新农村的认识。为提高干部群众的认识程度，镇政府通过召开党委政府成员座谈会，全体村干部参加的新农村建设动员大会，来加大宣传力度、发动群众。全镇每周出动宣传车3次，每村粉刷永久性标语5条，各主要路口悬挂标语口号

13 副，大力宣传新农村建设的重大意义。同时还组织全镇脱产干部、村干部、群众代表到仁义店村、西魏村参观，参观仁义店村工业园区，学习仁义店村育苗繁殖经验；参观西魏村木业加工基地和商住楼建设，通过现场感受示范村的变化来发动群众。

其三，搞好农村环境卫生整治，积极推进村容村貌建设，为群众营造安心、舒适的生产生活环境。在农村环境卫生整治过程中，本着树新风、立新形象的原则，在全体脱产干部和驻村干部的带头下，在群众的积极参与下，镇政府先后组织集中清扫了仁义店村、生金刘村、前华村等 13 个村，清理生产生活垃圾，清理占道经营，并建章立制，号召广大群众学习新农村村规民约，共同打造整洁的新农村，实现环境的净化。并投资 70 万元给新农村建设示范村仁义店，购买垂柳 400 棵，绿化道路 1000 米，翻新村委会办公楼，修建入村桥，硬化商业街道路 500 米，修建扬水站 1 座；对西魏村多方筹集资金 13.5 万元，硬化路面 350 米，疏通排水管道 400 米，种植垂柳 200 多棵，绿化道路 100 米，将村村通公路进行了美化、净化、亮化。此外，为解决村民浇水问题，打配套机井 15 眼，维修扬水站 1 座，保证了 4—5 天全村田地可以完全浇完。

其四，因村制宜，制订切合实际的发展规划。结合小城镇建设经验，搞好村镇建设规划，制订镇政府驻地主要街道、集贸市场的规划方案，实施"四纵三横"开发战略，将沿街建筑建成二层以上楼房，统一布局，统一水电安装，统一安全设施。民营经济方面，在侯庄南建立边临镇木业加工基地，将全镇 40 余家木业加工企业全部迁到基地内，形成产业规模优势。同时引进投资 200 多万元的木板厂项目落户德东中小项目区，实现产品的自我消化。

其五，强化村经济产业支柱、拓展农民增收空间、夯实贫困户保障机制，从三个方面加以实施：

一是调整农业结构，向农业产业化要效益，实现农业生产发展和农民生活的宽裕。抓工业理念，谋划农业、谋划农村经济，不断壮大优势产业和特色经济，加大农业结构调整，在稳定粮食生产的前提下，调"种"为"养"，加快发展畜牧业；调"粮"为"经"，大力培育能带动千家万户增收致富的优势产业，有效推进农业和农村经济的发展。

目前，边临镇继前华村大棚蔬菜、边二村中化寿桃、侯庄脱毒马铃薯等特色农产品之后，又新增了贾庄辣椒等名优农产品种植，全镇在调整农业的同时，紧紧抓住木业加工这一主导产业不放松，加强木业加工协会的协调能力，使全镇木业加工户增长到 100 家，板厂增长到 5 家，实现产值 5000 万，利税 500 万元，形成了产业优势。

二是加大科技兴农力度，按照"培训跟着产业走、课堂建在基地上"的培训思路，组织干部群众到宁津、临沂等地参观当地木业加工发展情况，在前华村大棚种植区开展蔬菜种植培训，真正开拓干部群众的眼界，让群众掌握到一门发家致富的技术，拓展农民增收空间。

三是依托上级民政部门支持，扩大镇敬老院规模，设置卫生室、娱乐室、浴室、活动室等场所，让他们在里面享受到天伦之乐；并建设镇中心卫生院，投入使用新医药楼，新进先进医疗设备，为群众解决了看病难、看病贵的难题。

第十一章

新农村建设的典型村——仁义店

第一节 跨越十五年的畅聊

1992 年我和魏众来到边临镇挂职锻炼，正好仁义店的书记王玉春在镇上任农机站站长，经常一起喝酒聊天，主要是请教王支书有关农村的事，他讲述的大量农村的真实故事把我们引入到了农村的生活、经济和政治中。

他那时就是一个乡村中的英雄，在仁义店他是村支书，是村里的"大掌柜"，村里人对他非常尊敬，他说他在村里是小姓，一般难在村里立得住，但他却在村里干出了一番成绩。当时的仁义店人均收入比边临镇的人均收入高出三倍多，他在村里推广果树，办一些小企业。所谓乡村英雄几乎就是什么都得会，他订阅报纸和杂志多达 60 份之多，每天睡觉大约 4 个多小时，他要明白市场、技术，还要处理村务，乡村里大大小小的芝麻事都是他的事，他要处理好，他要天天看报、电视、外面跑，多获得信息，找到一切机会把村里的人带向富裕。

那时他在村里推广果树，自己琢磨，找技术人员推广果树的嫁接技术，帮助农民销售，他说你必须把好处全部让农民清楚，并把风险基本包下来，这样技术才能推广，种果树有利益，但苗木投入、种植技术、销售风险都需要你去安排好，否则没有人去种。刚种树阶段，村里就发现有人偷树，村民告到他那里，他就必须去管。王支书给我们讲了一个抓人容易、放人难的故事。"根据我分析，村里也就有几家人可能有偷树，我晚上天黑后将稻草插在这几家人的门上做标志，子时（农村讲耗子出动偷东西的时间）

后看草标，很快看到了一个草标掉了，我就在他家门口等着，一会儿就看着有人拖着树回来了，我拍拍他肩膀，把他吓个半死，这时他扑通跪下来对我说大掌柜我错了，我赶紧拉他起来，说把树抬进去再说，他犹豫一下，我和他把树抬了进去，关上门，他吓得不知如何，我说这事我不会在村里广播批评你，这么小个村你不要脸，你家里人，你孩子还要脸，你别再偷树，这棵树你就当柴烧了，别再偷了。他跪下了谢个不停，自此再也没有盗树了，而且每次我要推动一件事时，他都积极支持我，这就叫抓人容易放人难。"你的目标是反对偷树，抓到人后你如果过度打击他，他就成了乡村的"滚刀肉"，天天和你作对，村里有了几个这种人，你就无法工作了，因此放人是真正的水平。你放人放对了，第一是完成了打击偷盗的目标，以后没有盗树的；另一方面教育了一个人，他成为你积极的支持者。

　　一个乡村即使一个果树种植推广能富民，但如果没有领头人的全面带领和组织，也是难以成功的。

　　那时我和魏众常和王支书一起在他的农机站中聊到深夜，也到仁义店看他，那时仁义店已经修好了通往镇上的路，乡村规划整齐，王支书说我在这儿，仁义店就乱不了，但我血压这么高，出了事，这地方很容易乱，有时间再细聊村里的事，没想一晃十五年后，我和魏众以及我们的同事再次到仁义店和王支书一起喝酒畅谈直到深夜，再次了解边临镇的新农村试点的仁义店又发生了什么变化。

第二节　仁义店的概况

　　我们到了王玉春支书家，看到挂在墙壁上的一幅装裱好的过去的招贴画，就是下面照片中王支书的背后墙挂的图片，讲的是仁义店的历史。

　　我将其重要的文字内容摘要下来：山东省德县边临镇乡仁义店村反、坏分子时立成、时景山、王子平等，在解放前掌握伪村政权，进行杀人、放火、绑票、抢劫、横行霸道为非作歹，群众痛恨已极，群众敢怒不敢言。解放后，群众积极行动起来向反动势力进行斗争时，他们又暗杀了领导群众翻身的农会长时景成村长王福田夫妇，又篡夺了村政权，继续作恶，造成不少群众家破人亡。在1951年全国开展轰轰烈烈的社会镇反活动中，他们虽然受到打击，但其反动野心不死，仍千方百计地进行反革命破坏活动。合作化以来，更为嚣张，以时立成和时景山为首成立了一个十多名反、坏分子参加的反革命集团，积极破坏粮食政策，陷害党员干部，组织假社，煽动落后群众闹事，制造纠纷。1957 年我公安人员到村逮捕犯罪分子时，他们竟公开拒捕。此次干部到村侦查该案时，他们又采取封锁和威胁的办法进行破坏，使各项工作不能顺利进行。这伙反、坏分子罪恶滔天，解放前后共作案 50 多起，将该村造成为有名的"铁打的仁义店"。

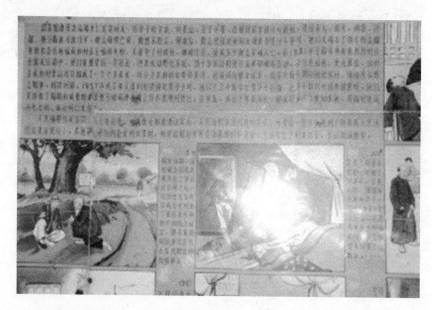

仁义店村招贴画（Ⅰ）

人民检察机关会同人民公安机关，对该案全部查清证实后，人民法院依法判处时立成、时景山、王子平死刑（待最高人民法院批准后执行），其他各犯分别判处有期徒刑和管制，对坦白较好并有立功表现的华克合、王福有免予刑事处罚，予以训诫教育。——"山东省人民检察院聊城分院监印，一九五八年"。

以上图片的文字说明了很多，首先是仁义店并不永远是太平的，而是向来强人很多；第二是村政府的权力争夺是如此激烈，是以人命换的，1992 年我们去调整一个村的班子，也遇到了原村长挑动村民围攻镇政府工作人员，并打伤警察的情况，乡村政治并非简单，有时是非常残酷的；第三就是图中提到的"粮食政策"问题，政府的粮食问题在传统农业区是易引起干群矛盾的，而村镇干部难也难在此，一方面执行上面政策，另一方面又必须面对群众的利益。1992 年我去当镇长时集资提留、征粮时也经常碰到群众闹事的问题，当然 1992 年最严重的问题已经是"计划生育"了，当时镇政府里堆满了因不执行计划生育而"扒的房"，干部难当。

仁义店村招贴画（Ⅱ）

边临镇仁义店村王玉春支书

1992 年我和魏众离开边临镇后，王支书又从镇上的农机站回到了村里，因为他不在，村里又不平静了，他回去后又开始了另一次致富。

现在的仁义店村南依 314 国道，全村 135 户，404 口人，1285 亩耕地，在村支书王玉春的带领下，扎实地推进新农村建设，制订了详尽的新农村建设规划，取得了阶段性成果，并被镇上评定为新农村建设试点，王支书现也被提拔到镇上任副书记。

在经济生产方面，针对本村地多的实际情况，村干部引导群众调整种植结构，种过菜、种过棉、育过种，栽了 500 余亩的速生杨，并定期邀请市、县专业技术人员到村传授技术，使同样的种地，效益高过其他村；建起了工业园。2000 年，仁义店村建成边临镇第一处村级工业园，引进了印刷厂、预制厂、木业加工厂等项目，经过几年的发展，入园企业达到 14 家，有印刷厂、预制厂、木业加工厂、车床厂、家具城等，其中，由支书王玉春创办的"德州倍利来商贸公司"，年产值 450 万元，产品远销丹麦、美国、马来西亚等地；投资 1000 万元新上的毛衣编织厂，解决了 300 多名劳动力就业；建起了集贸市场。2002 年春，仁义店村出台优惠政策，在前街立起了二、七大集，不仅有效地解决了村民买难的问题，而且引来了客商，增加了门店、门市部 21 家，个体工商户 60 多家。

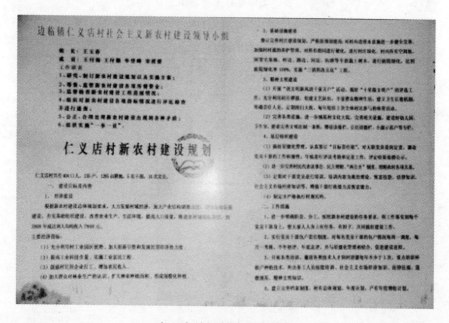

仁义店村新农村建设规划

村支书王玉春创办的"德州倍利来商贸公司"

第三节　仁义店的新农村建设状况

我们一到仁义店，王支书带我们看了看村子，非常漂亮，有商业大街，规范的农村住房和新盖的别墅房，并参观了工厂，到了他的家，也算办公室，里面挂满字画和瓷玩，电视播放的是凤凰卫视，他说每天开着电视，有时间就听听，很多信息都来自这里，现在订报少了，看电视多，经常开车到北京、山东跑动，这成为了他信息的来源。他介绍说新农村建设的主要任务是要做好规划，并在思想道德水平上提升农民的觉悟。

一　仁义店的规划

我们看到了仁义店的规划图，中心是一个盖得非常好的商业区，旁边有村里规划好的居民住房区，虽然是传统的四合院，但整齐划一，这极大地节省了土地资源，腾出了商贸、幼儿园、公共活动地等资源，并开拓了别墅住宅规划和工业区，形成了一个完整的村级规划。马路修得宽大平坦，四处都是树，种树美化了环境，也富裕了乡民们。

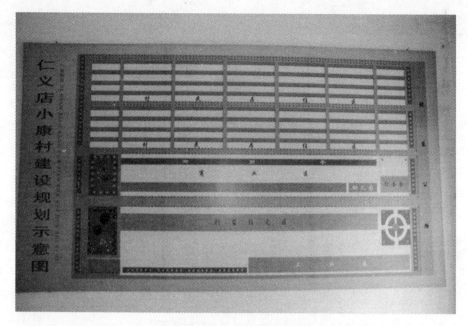

仁义店小康村村庄建设规划图

专题一　仁义店村新农村建设领导小组和新农村建设规划的内容

边临镇仁义店村社会主义新农村建设领导小组

领导小组，组长王玉春，成员四名。

仁义店村新农村建设规划

仁义店共有404口人，135户，1285亩耕地，5名干部，14名党员

一、设目标及内容

1. 经济建设

根据新农村建设总体规划要求，大力发展村域经济，加大产业结构调整力度，完善基础设施建设，夯实基础组织建设，改善农业生产、生活环境，提高人口质量，推进农村城镇化进程，到2008年达到人均收入7800元。

2. 基础设施建设

3. 精神文明建设

二、工作措施

（根据仁义店村的专栏进行简略整理）

仁义店的商业街

仁义店的居民住房规划整齐，居住条件很不错，我们又到了王玉春的"老"宅，标准的四合院，居住舒适，有一个比较大的院子，他介绍说这住房规划基本满足了农民的需要，居住面积大，现在很多年轻人进城打工，有的老人也进城了，乡村居住现在比较空，并提出盖小康式住宅楼（别墅区）的新规划。

现在还保留了一部分工业区，主要用于村里的无污染的加工业需求，如编毛衣、木材加工等。仁义店注重农业生产，他们把水利基础设施投资一直放在重中之重的位置，把道路建设摆到了战略位置，这是仁义店发展的两大保障。

专题二　　　　　村容村貌建设规定

根据本村的村容村貌规划，新放宅基地要按本村规划，老宅基地因地制宜和宅基地归集体所有的原则特制定本规定：

一、年满18岁的子女均可向村委会写出申请，由村委会统一安排。

二、老宅基翻盖要向村委会提出申请，根据实际情况和村规划，进行安排。

三、盖房户在盖房前必须处理好对村庄规划有影响的障碍物，否则不准建房。

四、不管是新宅基地还是老宅基地，在放线前均由村委会员负责同志进行放线，否则强制停止建房，所造成的后果自负。

五、自 2006 年 1 月 1 日停建一切平房，按村里的规划建小康式住宅楼。

以上规定即日起生效。

仁义店村党支部　村委会

二　仁义店村的基础设施建设

乡村规划中一个最重要的，而且最易发生冲突的就是宅基地分配，1992 年我做副镇长时，乡村四大任务之一就有宅基地，宅基地是农村规划中遇到的最大问题，而仁义店基本上将这一问题规范化，并提出了节约土地的小康楼房住宅的新设计。

仁义店村村容村貌建设规定

有了合理的规划和建设目标，村里加大了基础设施的建设，从 2000

年以来，仁义店村先后开挖沟渠 6.5 公里，把黄河水引到了农户的田间地头，个别地块由于引不到沟渠水，村两委班子在征求了全体村民的意见后，控灌溉水井 23 眼，解决了村民长期浇水难的问题；然后，在镇政府的支持下，筹集资金 13 万元，修建了"村村通公路" 4.8 公里，率先在全镇完成了"村村通公路"的修建任务；为丰富广大村民的生活，村支部号召村民自筹自建，组织群众成立了图书借阅室，极大的改善了村风村貌，此外，仁义店村还实现了"自来水村村通"，成立了商贸交流市场；先后投资 100 万元，将村办公室整修一新，硬化道路 500 米，种植垂柳400 棵，绿化道路 1000 米，修建一座桥，翻新两座桥，同时还准备修建一座扬水站。

通往镇上的大道

目前，仁义店村的基础设施一应俱全：村村通公路 4.8 公里，进村路面和村内大街全部实现了硬化、亮化和绿化，喝上了自来水，看上了有线电视，电话普及率达到了 93.5%；农业生产条件得到进一步改善，沟渠、路桥、林网配套，打机井 23 眼，实现了旱能浇，涝能排；全村共用大型农机，农业机械化水平明显提高。全村投资 40 多万元，修了一座桥，硬化了工业区中心大街，重新装修了文化大院，购买了种、养、加工等实用技术、文化艺术、卫生保健等方面的书籍，建起了图书室、阅览室；购置了乒乓球桌等健身器材，办起了活动室，组织群众建起了宣传队，开展了丰富多彩的文艺活动；并加强了农民群众的科技和实用技能培训，使农民素质得到提高。此外，仁义店村还启动了新村建设，编制了村庄建设规划，把村庄规划为工业区、商业区和住宅区三大区域，统一设计了小康二层的住宅楼，村庄建设的框架已基本形成。

三　提升文明程度

新农村建设的核心是提升农民的文明程度，村里制订了一系列的精神文明建设方面的议题，核心是培训。

精神文明建设内容包括：（一）开展公民道德教育；（二）科技普及工作，科技知识入户率达90％等；（三）文体宣传工作；（四）教育工作；（五）计划生育；（六）环境卫生；（七）移风易俗，文明办理丧婚事；（八）搞好村庄规划，加强村容村貌建设；（九）开展评选"文明新风户"活动等。结合科技培训加大农村的知识学习才能提高精神文明程度。

在村政府方面建立了公开的民主法制建设栏目：包括民主监督、党务政务公开、法制教育和财务管理、定时定点办公和仁义店村干部管理制度。

在这些规定中财务管理和仁义店村干部管理制度是非常体现乡村活动的。财务管理中包括了严格财务制度管理，支出限额管理，每月5日按时到乡镇财务所报账。建立理财小组，到财政所专户储蓄，不设立小金库，并提出了账目锁定制度，未经二分之一以上有选择权的村民同意和镇党委批准，任何人不得查

仁义店村的村规民约及文明合约

账。在仁义店干部管理制度上定了"干部实行务工补贴管理制度，年终工资＝职务工资＋误工补助＋民主评议"等详细规定。

乡村建立了《村规民约》、《文明公约》等，王支书认为当前农民的思想工作非常不容易做，这包括两个方面，一是外出打工的人口数量非常大，思想开放是好事，但也染了很多坏习气，特别已经不把村当一回事了，没有归宿感。二是在家无事做的农村妇女越来越多，天天打麻将说闲话，也引起了很多矛盾，这两类人群是新的问题。王玉春积极加大农村中年妇女就业，这是一个重要的工作，王支书开的编织厂、树皮加工厂等就是为了能动员农村妇女劳动力而发展起来的，但对在外打工者的教育则没有好的办法，如何加强联系进行教育是一个新农村新农民建设的大问题，但这些进城打工多年者应该算新农民，还是新市民？这确实是一个中国式的问题。

第四节　仁义店的发展和转型

仁义店今天的发展离不开他们村的领头人王玉春，王玉春是边临镇最老的支书了，他说在我们1992年离开后镇上已经换了6任乡镇书记了，而在这之前镇书记也换了很多了，而他们村则一直是他当家，乡村稳定，经济发展、规划、基础设施建设、精神文明等各个方面都很健康。

王玉春对这几十年的村支书生涯感慨很多，他是一个能顺应时代不断学习转型的乡村英雄，至今仍为村里奔波。从个人经历看，王玉春在1992年前基本上是带领全村发展，积极推广农业技术，如那时种果树，发展农业这一条现在依然不放松，而且找准了市场的时间差，获取了农业大收益。前些年，他积极推广速生林的苗木培养，现在大家都种树了，苗木价格涨得很快，全村农民收入大幅度提高，这就是王玉春支书的市场远见之处，他说农业这一点上没有放松过，经常琢磨农业技术、市场的热点在哪儿，终归这是农村。

但让我感到一个非常不同的过程是，20世纪90年代中期前，王玉春支书一心只扑在村镇建设上，没有为自己干任何事，在农机站我们一起喝酒时，他说他如果为自家多经营些，家里收入就会增得很快，但没时间干家里的事。听王玉春支书讲如何经营农机站，你就会发现他有着杰出的商业才华，他好交往和阅读、好琢磨，又有足够的精力去管理，一定是好的企业家。我从边临镇挂职锻炼回来经常在 MBA 班上讲一个企业家和要饭的故事，"要饭者有三点和企业家相同，一是要饭者跑遍中国，他是信息的占有者，这一点企业家需必备；而要饭的是伟大的心理学家，他跟上你，你只要脚步加快，就证明你讨厌他，你的弱点就暴露了，他跟定你，你就必须给钱摆脱，企业家何尝不需要心理管理呢；最重要的一条是他们是原则的坚持者。边镇上有一个吴瞎子，他在赶集时要饭，一次吴瞎子要饭时，要饭到第一个摊子上那人就不给他，他就一直在那个摊上要，直到集散了，王支书问他为什么不换个摊，他说你没要到就换摊，没人会给你的，你宁可饿着也要告诉别的摊我吴瞎子是不能被糊弄的"，这就是王支书经常讲的乡村工作的原则坚持，否则你就没有威信，乡村工作不能糊弄，但又要以目的为取向，不能纠缠在关系、感情和细节中。政府、乡村、企业治理多有同理，而企业家和乞丐更是有很多同源之处，只要差之毫厘，则谬之千里，运用之妙存乎于心。

仁义店村工厂车间内景

王支书和我们讲 20 世纪 90 年代中期他开始了自己的发展，竟然从买卖国画和瓷器开始的，他成为当时德州地区最大的国画交易商，积累了一些财富，开始创办企业继续回仁义店服务。一个乡村支书居然从国画入手积累财富肯定是传奇颇多，我 21 世纪后一直从事油画收藏对该行也有心得，趣聊了一番。但我关心的是在 20 世纪 90 年代中期人们无论如何也要出去挣钱了，王支书说那时你没有钱就没了社会地位，农村这么多人出去打工，都深刻理解了钱的作用，你必须在乡村成为真正的大掌柜。我开创的毛纺编制厂雇用了村里的 50 多名妇女，解决了乡村的就业和一些家庭纠纷问题。

办了企业你才有实力进行乡村投资，现在农民的心已经越来越不往集体这儿想了，你掏钱办了好事，他们可能还要往别处想。他说在乡村遇到的年轻人这方面的问题越来越多，因为他们的心不在村里，你建设乡村和他们希望在城里生活是不同的，乡村已经不是根了，这一代人出去多年只认钱，不认乡土，新农村的建设在这方面遇到了非常大的麻烦。

王支书介绍说，农村主要是妇女、老人和儿童，即使这样劳动力依然富余，因为所有的农业活动都可以花钱雇用专业的队伍来完成。从种地、浇水、植保、打药、施肥、收割、打捆、运输每个环节都有专业人来完成，给他们钱后，到地头转转就行了，不赚钱就不干了，天天在家无事生非。解决农村中年妇女再就业很重要，她们是乡村劳动力的宝贵财富，她们要养孩子基本出不去，但有时间和精力在乡村工作，劳动力成本很低，她们也愿意工作。王支书也在这方面不断尝试，树皮厂、编织厂都能极大地再次动用妇女劳动，形成优势。

王玉春支书永不停顿地为发展乡村工业和乡村建设做积极的工作，最近又看上了太阳能方面的加工业，希望能有大的发展。但王玉春支书提的一个命题也是我在十五年后重回陵县边临镇一直在感受的问题，中国乡村如何转型，大一点的乡镇企业都向城市集中了，也必须集中才能解决环境等基础设施的问题，乡村的积累又回到了初级加工业发展，即对基础设

仁义店村树皮厂

施压力不大的工业，这方面还有多少竞争力现在还不清楚，乡镇干部都在等待城市化的那一天。除此之外还有没有另一条乡村的转型道路，现在仍然不清楚。我祝王玉春好好保重身体，十年后我再探访仁义店。

调研者：张平和魏众在王玉春家合影

第十二章

边临镇村民代表会议制度的建设

自 1998 年 11 月 4 日《中华人民共和国村民委员会组织法》正式颁布施行以来，经过近十年的摸索与实践，我国村民自治法律体系日臻完善，村民的选举权、知情权、决策权、参与权和监督权得到进一步保障，村民自治已成为村民身边"看得见、摸得着的民主"。据民政部数据显示，截至 2007 年，中国农村已建立起 62 万多个村民委员会，村委会选举的全国平均参选率在 90% 以上，有 96% 的农村已经建立了实施民主决策的村民会议或村民代表会议制度，在 2005—2007 年这一轮村委会换届选举中，有 623690 个村已完成选举，全国平均选举完成率已达 99.53%，成效显著。

当前，正处于社会主义新农村建设的高潮，农村基层民主政治建设，无疑是新农村建设的重要内容，十六届五中全会就指出，建设社会主义新农村要"加强农村党组织和基层政权建设，健全村党组织领导的充满活力的村民自治机制"。为顺应新时代潮流，加强农村基层民主政治建设，构建和谐社会，近年来，边临镇重点在如何搞好村级"民主选举、民主决策、民主管理、民主监督"四个环节上积极探索，努力构建以"自我管理、自我教育、自我服务"为核心内容的农村民主制度建设体系，在全面推进村民自治、农村经济发展和农村社会稳定方面做了有益尝试，取得了阶段性成果。

要保障村民自治，实现村务"民主选举、民主决策、民主管理、民主监督"的四个环节，其核心部分在于完善村民代表会议制度建设；而要维护村民自治的稳定性和长期性，关键在于搞好村民委员会的换届选举。在多年的摸索和实践中，边临镇通过积极部署村民代表会议制度建设和采取措施，确保顺利完成村民委员会的换届选举，使全镇的基层民主政治建设和经济建设都出现了新的转机，不仅有效地增强了农村基层民主管理和依法治理的自觉性，具体体现了农民当家做主的权利，改变了干部"一言堂"式的管理方式，而且有效地解决了农村新形势下出现的难点、热点问题。如宅基地安排、集资提留、义务工使用等，并通过村民自我协商、自我管理、自我约束，密切了党群、干群关系，调动了群众参与村级事务管理的积极性与主动性。本章拟围绕边临镇如何部署村民代表会议制度建设及其实施、如何维护村民委员会换届选举顺利及其存在的问题等方面的内容来予以介绍。

第一节　村民代表会议制度建设的部署

村民自治对多数农民而言，还是个相对陌生的事物，长期习惯了官治的农村要发动村民代表会议制度建设，仍然要像其他事务那样，需要政府的支持和推动。在陵县发动全县村民代表会议制度建设之后，边临镇政府和镇人大以及村两委班子成员，对村民代表会议制度建设注入了极大的工作热情，采取了多项措施予以推动，以确保村民代表会议制度建设工作的顺利进行，综合起来主要体现在四个方面：

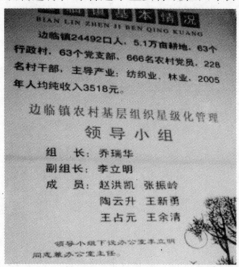

边临镇基本情况

一是抓组织领导，首先成立以镇党委书记任组长，分管书记、人大主席任副组长，并吸收组织、宣传、司法、土管等部门负责人为成员的领导小组，然后在领导小组指挥下，举办培训班，采取以会代训的形式进行层层培训、分段培训来培训工作骨干，并在培训过程中，学习《村民委员会组织法》以及德州市、陵县人大常委会决定等有关文件，使骨干人员明确村民代表会议制度建设的意义、方法和步骤。

　　二是抓宣传发动，首先层层召开动员会议，宣讲搞好村民代表会议制度建设的意义、方法步骤和目的要求，组织学习《村民委员会组织法》和市、县有关文件。其次，专门成立5个宣传小组深入基层，向村民宣讲村民代表会议制度的重要性和必要性，宣传选民的权利、义务和代表条件，调动选民珍惜自己的民主政治权利，选举自己满意的人当代表。第三，利用广播、黑板报、宣传栏、标语等形式，广泛宣传，广造舆论，做到家喻户晓、人人皆知，以图通过一系列的宣传发动，提高选民的民主法制观念，激发起选民推选代表的热情。

　　三是抓典型带动，根据积极稳妥、注重实效、因村制宜、分类指导的原则，组织专人深入到各村进行调查研究，调查村级班子对开展这项工作的认识、建议，村级班子的群众基础和经济发展情况；并通过"抓点带面、点面结合"的工作思路，在仁义店、前华、郭庄、边二、东于架5个村先行试点，实行脱产干部驻村包点，严格标准，限期完成。

　　此外，为搞好典型带动的工作，注意严把"三关"：即把好宣传发动关，使镇、村干部，广大选民进一步统一思想，提高认识；把好选举关，要求村民代表按村户数多少划分选区，向选民公布代表条件，发动选民充分酝酿讨论，让选民民主推选，真正选出代表群众行使权力的人，防止村干部指定等简单化的做法；把好建章立制关，统一起草《村民自治章程》、《村规民约》、《村民代表会议章程》、《村民代表议事办法》、《村民代表联系村民办法》等项制度颁发给各村，经村民代表会议通过后，统一制作。

　　四是抓重点调度，通过镇领导小组召开调度会、现场会、汇报会，对运作不力、进度慢的村进行重点调度，并通知村党支部书记到镇党委、人大汇报工作情况和下一步的打算，促其进一步提高认识，加大工作力度。

　　经过以上四个方面的"四抓"工作，边临镇村民代表会议制度建设的部署状况取得预期

边临镇农村基层组织和干部党员星级评定一览表

效果。

边临镇有 63 个行政村，2.7 万人口，6500 户，其中 100 户以上的村 24 个，50—100 户的村 29 个，50 户以下的村 10 个，通过村民代表会议制度，使村民的民主议事、决策和监督，边临镇农村管理逐步达到了办事公开化、决策民主化、管理制度化、监督正常化。2000 年全镇共有 24 个村完成了村民代表会议建设任务，共选出村民代表 576 名，并普遍召开了村民代表第一次会议。此外，2000 年全镇还评选出安全文明村 20 个，"双十星"文明户，"五好家庭户"，勤劳致富带头户 2400 户，全镇未出现一例集体上访和越级上访事件。

第二节　典型村村民代表会议制度建设的基本情况

边临镇村民代表会议制度建设，是通过抓典型带动，根据"抓点带面、点面结合"的工作思路来推广的，首先选择了在仁义店、前华、郭庄、边二、东于架 5 个村先行试点。经过试点，各村的村民代表会议制度建设都取得了良好的成果，这里以边临镇仁义店村为例，来介绍边临镇村民代表会议制度建设实施的一些基本情况。

按照县委、县人大、镇党委及人大主席团关于建立村民代表会议制度的工作部署，仁义店的村"两委"，通过广泛宣传《村民委员会组织法》，明确了村民代表会议制度的性质、职能、代表应具备的条件。边临镇仁义店村，现有 117 户，404 口人，1270 亩耕地，按照每 5—15 户选举产生一名代表的原则，商定村民代表人数，共选举产生了 13 名村民代表，组成了村民代表会议。其中党员 6 人，妇女代表 3 人，非党员群众 9 人。

2000 年仁义店村建立村民代表会议制度后，召开了两次村民代表会议。第一次会议讨论通过了《村民代表会议章程》、《村规民约》、《村民代表会议制度》、《村民代表议事办法》、《村民代表学习制度》、《村民代表与村民联系办法》及各类自治组织；第二次会议讨论并通过了以大力发展林果业，千亩良种繁育基地、挖沟筑路、林网建设、畜牧养殖为主要内容的 2000 年发展规划，得到了全体村民代表的拥护支持并一致通过。

在仁义店村村民代表成立的五个多月的时间里，仁义店村的村风、村貌发生了深刻的变化。过去，仁义店村以"七多"闻名四里八乡，即"小偷小摸多、打架斗殴的多、坐监狱的多、光棍多、荒芜土地多、干群矛盾多、下关东的多"，自从建立村民代表会议制度后，充分发挥了民主决策、民主管理、民主监督的作用，而由过去的"七多"变为现在的"六无"，即，无上访案件、无信教在教的、无赌博的、无打架斗殴的、无违反计划生育政策的、无违法犯罪的，维护了仁义店村改革、发展、稳定的大局。

此外，仁义店村建立村民代表会议制度后，调动了群众参与村级事务管理的积极性，增强了农民当家做主的光荣感和责任感，也促进了经济发展。2000 年仁义店投资 16 万元，修桥 5 座，挖沟 6 华里，动用土方 6 万多方；还投资 5 万元，引进"红太阳"杏苗，"川岛中刺"桃树苗及杨柳树苗 6000 余棵；投资 7 万元新建了宿舍，引进优良种兔——荷兰兔 576 只。另外，按照村民代表的提议，大力发展个体私营经济和农业种植结构调整，发展了个体私营业户 30 户，压缩粮田面积 410 亩，发展棉田 360 亩，蔬菜 50 亩，使仁义店村经济总收入达到 241.2 万元，人均纯收入突破 6000 元。可以说，仁义店村通过建立村民代表会议制度，全面推进了村民自治、农村经济发展和农村社会稳定三个重要目标，可谓"一举三得"。

第三节　村"两委"换届选举及其成效、问题

搞好村民自治，建立村民代表会议制度是其良好的开端，但要维护村民自治的稳定性和长期性，则关键在于搞好村民委员会的换届选举。2004年 12 月 24 日开始，依据《中国共产党基层组织选举工作暂行条例》和《中华人民共和国村民委员会组织法》等法律法规，边临镇进行了村"两委"的换届选举工作。为部署实施换届选举，采取了一系列措施，从三个方面着手，维护了全镇村"两委"换届选举的顺利进行，并取得了村"两委"换届选举的成效，发现了其中的问题，总结了经验。

首先是做好选前准备工作，建立机构，成立了由党委副书记任组长的村级领导班子工作领导小组，并吸收组织、人大、民政、纪检等相关部门人员组成；实行了乡镇党委政府成员包管区、脱产干部包村责任制，深入村户，进行具体指导和监督；同时，各村也依法成立村民小组，推选产生村民选举委员会，做到层层有人抓，村村有人管。在此基础上，抓好教育，培训骨干。重点学习《农村组织法》、《中国共产党基层组织选举条例》等规章制度，组织镇党政成员、管区书记、全体脱产干部、村支部书

记到德州开发区进行学习观摩，并组织全体脱产干部在镇上进行模拟选举；然后，充分利用会议、宣传栏、标语口号等形式，通过广泛宣传发动，形成全镇浓厚的舆论氛围，使广大村民知道自己的权利、候选人标准条件和有关程序，知道"双高双强"型干部的标准，知道哪六种人不能成为村"两委"成员的具体要求，增强村民参与的目的性和针对性。

二是把握四个关键步骤，确保换届选举顺利进行。第一，严格把关，做好选民登记工作。为确保村民登记不漏、不重、不错，全镇推出政治觉悟高、群众威信高、自身素质高的村民208名，组成26名村民的选举委员会，具体负责村级换届选举工作，并将名单在村公开栏或醒目位置张榜公布，接受群众监督和质询，如有对村民有异议的，由村民选举委员会在3日内做出解释或纠正，确保选民登记的公开、公正。此举保证了选民的登记和排查，使全镇共登记选民19821名，并排查剔除不符合条件的选民12名。

第二，严格标准，做好候选人的推荐、提名工作。本着公正、公开、公平的原则，对党支部成员和村委会成员的任职资格进行张榜公布，经提名、推荐产生的初步候选人，公开张榜公布，接受群众监督和质询，保证候选人的政治合格、素质过硬。另外，对部分派性严重、家庭矛盾突出的村，先由包村干部有针对性地摸清底子，做好工作，尽量把好人中的能人和能人中的好人提名为候选人。

第三，严格程序，依法进行正式选举。把正式投票选举作为整个换届选举过程的关键环节来抓，由镇选举工作队的同志当众宣读出市委规定的候选人的标准条件，引导群众按照"双高双强"的标准、站在客观公正的立场上，正确评价那些敢负责任、公道正派的村干部，保持农村干部队伍的稳定性。然后，在正式选举中，实行"流水作业法"：由村民选举委员会成员点名发票，指导组成员引导选民到秘密写票处填票、投票。另外，为确保参选率，设立了流动票箱，为外出务工经商人员设立了委托投票，使选举村庄参选率都在85%以上；并确保公正、公开，选举时做到"七个当场"，即：当场清点人数、当场发票、当场写票、当场投票、当场记票、当场唱票、当场公布选举结果，以确保"双高双强"型干部当选。

第四，严格控制职数，确保村"两委"成员交叉兼职。首先进行村委会换届选举，然后进行党支部换届选举，规定现任党支部成员必须参加村委会竞选，对于党支部委员选不上村委会成员的，党支部书记选不上村委会主任的，不再推荐为新一届党支部委员和党支部书记候选人。此举确保了村"两委"成员交叉兼职，特别是提高了党支部书记、村委会主任"一人兼"的比率。

三是采取四项措施，巩固选举成果。第一，完善任期目标承诺制，落实践诺奖惩制，为防止个别候选人乱承诺、乱许愿的现象，正式选举前，要求村党支部书记和村委会主任都写出讲演稿，村委会主任候选人的演讲内容由村选举委员会把关，演讲内容突出加快农村经济社会发展和增加村级经营性收入、农民收入，符合本村实际和本人能力，不得乱许愿，不得违反国家法律法规和有关政策。然后，正式选举投票前，再分别向党员大会和选民大会，客观负责地提出自己的任职设想、工作目标和措施方法，回答党员和群众提出的问题。选举结束后，由党支部书记及镇党委书记签订书面任期目标责任书，由乡镇党委统一考核和管理，而由村委会主任与村民会议或村民代表会议签订的书面任期目标责任书，则报镇党委、政府备案。

第二，换届选举后，抓住节后农闲时间，通过集中办班、以会代训和外出参观学习等形式，对新当选的村"两委"成员进行教育培训。为此，全镇共举办农村党支部书记和村委会主任培训班4期，培训人员280人。

第三，稳定离任、落选干部的情绪。对离任、落选干部，通过区别对待、深入细致的思想政治工作，确保班子平稳过渡；对因年龄、身体等原因离任的村干部，引导他们搞好传、帮、带，主动支持和维护新班子的工作；对因工作平庸、失去群众信任而落选的村干部，教育他们加强学习，提高自身素质，讲团结，讲大局，积极配合新班子开展工作；对因有问题而下台的村干部，指派专人跟上帮扶，教育引导他们认清自身存在的问题，端正态度，改正错误。

第四，建章立制，规范新班子行为。新班子成立后，在办理好交接手续的同时，各村立即着手建立健全各项规章制度，包括：村民自治章程或村规民约、村民大会或村民代表会议议事制度、村务公开和财务公开制度、村民委员会定期报告工作制度、年终述职报告和村民民主评议制度以及党员目标管理制度与党员民主评议制度。

2004年，经过边临镇成功的实践，各村"两委"的换届选举，全镇村民代表会议制度的建设得到了检验，也积累了正反两面的经验和教训，总体来说，取得了明显成效，但也反映出了不少问题。

从换届选举成效来看，首先是农村班子的整体素质提高了。通过换届选举，使一大批年纪轻、文化高、见识广、素质高的人被选拔充实到村"两委"班子中来，优化了村两委班子的年龄、文化结构，明显提高了执政能力。在2004年的换届选举中，全镇35岁以下的人，比换届前增加23人，高中以上文化程度的比换届前增加19人，特别是"双高双强"型农村干部增多。其次是减少了农村干部职数，经过换届选举，村两委成员总数155人，比换届前减少72人，村两委成员交叉兼职数111人，交叉兼职的比率为72%；村党支部书记和村委会主任"一人兼"的41人，"一人兼"的比率为84%。其三是转变了基层干部作风，使广大乡镇干部超前谋划，不怕麻烦，牢牢掌握了工作的主动权，在实践中增加了才干，转变了作风。与此同时，农村干部也以这次换届选举为试金石，从选举中看到了自己在村民心目中的位置，增强了农村干部的危机意识和责任意识，找准了今后努力的方向，激发调动了的工作积极性和主动性。

从换届选举存在的问题来看，主要表现在四个方面：一是村级"两委"换届选举中少数选民存在狭隘的民主意识，小区域观念，并受家族势力的影响，增加了民主选举的难度，在某种程度上使少数村级两委班子构成上不尽合理。二是因为受市场经济体制以及大批农村劳动力外出打工的影响，使农村人员流动性较大，客观上存在人员组织难、会场控制难的问题。三是虽然部分村民民主意识增强，但参政议政能力不强，法制意识及依法办事的能力还有待进一步提高。四是由于农村长期存在家族势力、宗教势力及一些农村恶势力，在这些势力的干预下，使得村级两委换届选举在不同程度上受到影响。

通过换届选举的实践，边临镇总结了四个方面的经验，即充分发扬民主是搞好村级"两委"换届工作的前提；坚持依法办事是搞好村级"两委"换届工作的关键；重视宣传发动工作，营造良好的舆论氛围，是促进换届选举工作的重要手段；坚持分类指导，合理安排是搞好村级"两委"换届工作的有效措施。

第 十 三 章

边临镇农村社会稳定的维护

改革、发展、稳定的关系始终是我国面临的一个重大课题。从 20 世纪 80 年代邓小平指出"改革是第二次革命"、"发展才是硬道理"、"稳定压倒一切"，到十四届五中全会提出"要正确处理好改革、发展与稳定的关系"，再到十六届六中全会《决定》将正确处理改革发展稳定的关系统领到构建社会主义和谐社会的高度，处理好三者之间的关系不仅是我国几代领导人始终关心的问题，也表明其一直是个棘手的难题。面对这个难题，边临镇政府一直高度重视，多年以来在推动思想解放、锐意改革、发展全镇经济的同时，也一直将维护农村社会的稳定视为政府工作的头等大事，在深入分析引发农村稳定根源的基础上，针对各种影响农村稳定的突出行为，有的放矢地采取了相应措施，形成了如何打造"平安边临镇"的思路和具体方案。

当前，影响边临镇农村稳定的苗头性问题主要表现在计划生育、农村财务管理、干部作风等几个方面。计划生育问题一直以来就是威胁农村稳定的主要因素之一，这一方面固然与农民的意识还受传统观念的影响，躲生、逃生等现象时有发生有关，另一方面又与村干部处理超生问题的方法不够得力有关，常常出现严重的干群矛盾，引发冲突；在农村财务管理问题上，"集体的钱怎么花"从来都是农民关注的热点，也是威胁农村稳定的焦点之一，常常出现因村级财务混乱、村干部违法乱纪而引发农民群众群体上访、越级上访；干部作风问题产生的根源在于干部权力的商品化和短期化行为，造成农民和乡村两级基层干部的对立，如有的干部上任后急功近利，靠向农民摊派资金修路、建楼、建厂突出其政绩，短期行为严重；有的干部用公款大肆送礼行贿，跑官买官，给集体、基层造成经济亏空；有的上任后靠巧立名目乱收费、乱罚款、乱摊派，加重了农民负担，也加剧了干群矛盾。

近年来，尽管在制度上进行了如政府机构改革、农村税费制度改革、取消农业税、建设村民代表会议制度等一系列改革以及采取了诸如农民减负政策、改善农民福利等一系列措施，从长期来看，这些制度和措施有助于从根源上缓解农村矛盾，但从短期来看，其正面效应的充分发挥还需时日。当前，在"稳定压倒一切"的时候，对乡镇而言，一方面仍需继续深化改革，加强制度建设；另一方面也有必要采取针对性措施，或"专项斗争"的形式来防范和杜绝影响各种不稳定因素，以维护农村的社会稳定。

"稳定无小事"是边临镇一直营造的舆论氛围，本章将围绕边临镇如何防范和解决一些苗头性问题，采取何种措施来维护农村社会稳定等方面的内容予以介绍。

第一节　妥善解决信访问题

从 20 世纪 90 年代以来，计划生育、农村财务管理、干部作风等几个方面的问题一直是引发边临镇农村社会稳定的苗头性问题，而由此引起的不满，农民主要通过信访来表达，因此，如何妥善解决信访问题就成了一个维护农村稳定的重要举措，对此，镇政府采取了相应的应对措施。

首先是针对这些引发稳定的苗头性问题，即计划生育、农村财务管理、干部作风等，镇政府通过其计划生育办公室、经管站、纪委等部门进村入户深入调查，对可能出现问题的村、户采取相应的防范措施。例如，针对部分财务账目不分开，群众有疑虑问题，镇经管站积极帮助落实"两公开，一监督"措施，并健全民主理财制度，还群众一个明白，还干部一个清白，以此减少部分群众的上访念头。

二是重视信访工作，对于每接到的一起来信、来访，都认真对待，并妥善处理，合理解决问题，尽量给群众一个满意的答复，做到件件有着落，事事有结果。如 1995 年上半年，全镇共发生信访事件 8 起，其中书信上访 3 件，来人上访 5 起，重复信访率为 0，未出现越级上访。此外，针对信访，镇政府还采取了三条具体应对办法。

1. 抓根治本，减少信访源流。在提高信访干部素质和政策水平，虚心听取群众意见和呼声，关心群众，解决实际问题的基础上，突出解决好农民负担、财务管理、计划生育、干部作风粗暴等问题，推动各村把政务公开栏用好，增强工作透明度，给群众一个明白，避免因干部工作失误造成矛盾激化，从而达到减少信访源流的目的。

2. 重点抓好上访大户、老户的工作，对上访大户和缠访老户，实行领导人包案制度，一包到底，直到解决问题。

3. 加强信访网络建设，给各村都配备信调人员，落实有关待遇，建立健全信访网络。

4. 为加强社会治安综合治理，维护农村稳定，镇政府还加强了普法教育，开展了依法治村活动，使全镇村庄全部依法治理。与此同时，认真抓好对青少年的法制教育，提高其守法、护法的自觉性；并对社会治安实行目标管理，将社会治安各项指标具体量化。

三是加强民调与治保队伍建设，村村成立调解委员会，并配备 2 名纠纷信息员和 3 名调解员，发现纠纷苗头及时调处，防患于未然，力争使调处率达到 100%，调解成功率达到 95% 以上。同时，为防止盗窃案件的发生，加强村级昼夜巡逻制度建设，做到人员、报酬、责任的三落实。

第二节　维护农村稳定的"123"工程

进入 21 世纪，在维护农村社会稳定上，边临镇政府逐渐形成了一个新的思路，即通过构造"突出一个主题，把握两个根本、狠抓三个环节"的 "123" 工程，来维护农村社会的稳定。

所谓突出一个主题，即是把建设农村落后班子作为维护农村稳定的主题。边临镇政府认为村落后班子如果不及时进行治理、整顿，不但会影响整个村的工作，而且还会给其他村带来很大的负面效应。为了全面彻底地改善落后村的面貌，边临镇选派了工作组进村理顺关系，根据落后村的不同情况，分别选派多名农村工作经验丰富的脱产干部进驻落后村，逐户进行走访，查找村级落后的主要原因以及村级存在的主要矛盾和问题，然后把每个农户反映的问题进行梳理归纳，总结出村账目混乱、集体与群众往来不清、土地分配不均、家族矛盾突出等是影响村级矛盾的主要原因。然后，在工作组理顺关系的基础上，积极物色人选，通过走民主化程序，经过公开投票，选出令村民满意的村领导班子。

所谓把握两个根本，即是把改善脱产干部、村干部的工作生活条件以及多为群众办实事、办好事作为农村稳定工作的两个根本。

由于镇、村两级干部处在工作的最基层，他们的工作态度以及工作积极性直接关系到农村工作的成败，为了改善脱产干部以及村干部的工作生活条件，镇政府每月为每位脱产干部补贴40元的生活费，投资2万余元修缮了伙房，为每个房间配齐了电风扇、煤球等日常生活用品，为每位支部书记以及其家庭成员入了人身意外保险，村干部家中无论生老病死，儿娶女嫁，镇领导都亲自登门慰问，通过改善工作生活条件，调动镇村两级干部的积极性，提高了工作效率。

另外，农村稳定不稳定，关键就看群众对党和政府的支持率和信任度，要想赢得群众的支持和信任，就必须多为群众办实事、办好事。为此，镇政府投资30多万元对全镇6条主要沟渠进行了清挖，修缮了两处扬水站，改善了34个村的灌溉条件，使村民用上了黄河水，赢得了村民信任，疏散了村民心中的怨气。

为了保持农村社会稳定，在狠抓调查研究、超前预防和督促检查三个环节上下力气。

1. 调查研究：为搞好调查研究，镇政府明确规定：书记、镇长每周在基层调研的时间不得少于两天，党政成员、管区书记、部门负责人每周在基层调研的时间不少于四天。规定在调查研究期间，发现问题能当场解决的当场解决，不能当场解决的经主要负责同志研究后解决；规定每周六下午召开由党政成员、管区书记、部门负责人参加的农村社会稳定调查情况汇报，针对发现的问题及时研究出解决问题的方案，在每周一召开的全体脱产干部会上进行总体部署。

2. 超前预防：要求镇上每开展一项大的工作之前，都召开党政联席会和村支部书记座谈会，认真分析工作中可能出现的问题以及有碍于社会稳定的各种因素，对存在的问题能马上改正的马上改正，不能马上改正的也研究出解决方案，给群众一个说法，逐步解决。

3. 督促检查：为了加强对影响社会稳定问题的解决情况的督察，镇上专门成立了督察办公室，由督查办公室对农村存在的问题全部进行详细的记录，及时督促工作的进展情况，并把问题的解决处理情况上报镇主要领导，对工作不力，久拖不办的人员，镇里给予相应的处分。

通过实施"123"工程，边临镇农村社会稳定工作取得了一定的成绩，在陵县全县成为三个最少，即：农业税尾欠全县最少、瘫痪村全县最少、上访量全县最少的乡镇，并在 2004 年，被德州市评为全市信访工作"三无"乡镇。

边临镇获全市信访工作"三无"乡镇

第三节　打造"平安边临镇"

通过实施"123"工程，边临镇在维护农村社会稳定方面不仅取得了可喜成绩，还积累了不少经验。在此基础上，为进一步保持社会稳定，促进经济发展和人民群众安居乐业，边临镇又开始全力推进以矛盾纠纷排查调处为基础，以建立预警机制、强化防范为手段、以"专项斗争"为突破口，以"创安活动"为载体，以"机制创新"为动力的"平安边临镇"建设规划。为打造"平安边临镇"，边临镇采取了五个方面的具体措施。

一　营造"稳定无小事"的舆论氛围，完善领导责任追究工作机制

首先，为全力打造"平安边临镇"的发展平台，镇政府拿出专项资金，提高装备水平，解决干警待遇，确保政法机关、综治机构发挥应有的重要作用。为确保平安建设工作的顺利开展，成立了以镇党委书记乔瑞华为组长，镇党委副书记李立明、叶振刚为副组长的建设"平安边临镇"的领导小组，并制订了《平安边临镇建设工作配档表》、《平安边临镇建设工作制度手册》等一系列规章制度。建立了例会制度和小组成员联席会议制度，要求定期通报情况，统一指挥调度，通过这一系列措施，在全镇营造一种稳定与发展同等重要的浓厚氛围。

其次，为搞好平安边临镇建设工作的宣传，本着集中力量造声势和坚持长流水、不断线的原则，通过多种形式进行了大张旗鼓的宣传教育。通过村广播喇叭宣传，定时播放法制宣传磁带，对出现问题的村庄，每天播放两次，并印制法制宣传手册发放到重点村、户。

另外，实行党政成员包保重点村、户、人的工作责任制，做到"谁主管、谁负责"，严格落实领导责任追究，把社会稳定工作作为单位领导政绩考核的一个重要部分，对出现人为失误、工作措施不到位导致发生问题造成重大影响的，严格实行一票否决制。

二　营造"抓早、抓小、抓苗头"的排查氛围，完善矛盾纠纷排查调处机制

为在全镇范围内开展争创"无到省进京上访、无越级集体上访"的活动，边临镇政府主要完善了五项工作制度：

一是完善镇领导同志接访制度。坚持每月25号定期镇领导公开接访日制度，要求凡是领导接访交办的问题，必须不折不扣的去解决，限期反馈处理结果，逐案解决。

二是完善主管部门负责制度。把信息排查、信访首问通报、重案件调度、越级上访跟踪处理、责任追究等五项制度落实到位。

三是完善基层信访工作制度。建立起精确高效的信访网络，配齐配强基层专职信访干部，专职专用，打牢信访工作的第一道防线，真正做到信访工作重心下移。

四是完善化解与盯防工作责任制度。抓根治本，做到治本与控源结合，最大限度地减少"三访"（集体访、越级访、重复访）问题的发生。严格落实信访工作责任制，明确各级各部门在处理信访案件中的责任，严格落实接访、处结、督办、消号制度，真正做到谁的问题谁解决。另外，对群众上访反映的问题，能解决的立马解决，不能解决的做好说服解释工作，不敷衍塞责、推诿扯皮。

五是完善依法处访息访制度。加大依法治访力度，教育引导群众严格遵守有关法律法规，依法信访、有序信访。对不听劝阻、无理取闹的，村采取强制措施；通过这五项制度的实施，把工作的触点延伸到基层、农村和农户，变"上访"为"下访"，及时排查调处各类矛盾纠纷，使群众的问题由大变小，由小到无，从而理顺群众情绪。

另外，为搞好矛盾纠纷的排查，规定每年五月份为开展矛盾纠纷排查调处集中月活动，充分发挥乡村两级综合治办和司法调解网络的调解职能，强化司法调解中心的软硬件建设，努力做到超前发现治安隐患和影响社会稳定的潜在因素。走乡串村，通过听、看、访等形式进行排查，并把排查情况进行梳理、分类列表搞成台账，写出报告，为领导决策提供依据。对排查出的矛盾纠纷，一月一汇总，对处理情况每月一调度，对一些棘手问题，及时派专人靠上做工作，使大量不安定因素得到妥善处理。

三 营造"保持高压，露头就打"的严打氛围，完善严打斗争的长效工作机制

坚持"以打开路，以打促防"的方针，对各类犯罪分子及其行为实施最严厉的打击，在全镇形成强大的严打声势和氛围。在工作中，坚持定期研究策划情报、做好协调工作，做到对每起案子的处理程序合法、定性准确，对每起个案的处理有始有终、成为铁案，对重点案件实行领导挂牌督办。

四 营造"防患于未然"的防范氛围，完善治安防范工作机制

坚持重心下移、以人为本的原则，加强从基层基础工作落实治安防范措施，健全完善农村治安防范机制，从根本上预防和减少各种治安问题的发生。为此，重点做好以下几方面工作：

一是充分挖掘和整合多方面的治安力量，加大治安防控体系建设，严密对社会面的控制和防范。进一步健全镇、村、户三级防范网络建设，采取警民联防、户户联防、村村联防、村企联防等多种形式，构筑动静结合、点面结合、配套联动、全方位覆盖、全天候运作的农村治安防控机制，积极推广治安员驻村的办法，选派治安员协助村干部，了解社情民意，化解矛盾纠纷，预防违法犯罪，及时把问题解决在基层。

落实治安防范责任制，把驻村治安员、村治保主任和专职巡逻队伍的报酬与防范工作的成效挂起钩来。在部分村庄和区域实行"治安承包",明确责任,兑现奖惩,适应经济社会的快速发展,在坚持人防、技防、物防结合的基础上,重视和运用先进手段,提高治安防范的技术含量和水平。

边临镇综治委办公室

二是健全组织,配强人员。首先在综治组织建设上下工夫,设立由党委书记任主任的社会治安综合治理委员会,下设办公室,综治办主任由乡镇党委分管书记担任,派出所所长、司法所所长、信访助理、武装部长等任副主任,并设立一名专职副主任,充分发挥综合、组织、协调作用,加强全镇村级治保、调解、普法、帮教、巡逻"五位一体"的综治办的作用,加强公安派出所、人民法庭、司法所等政法基层组织建设,投入资金,充实力量,配强装备,完善制度,规范工作,提高执法水平,充分发挥其在维护农村稳定中的主力军作用。其次,将治安防范的重心前移,工作重点真正下沉,在全镇构筑社会治安综合治理网络。全镇成立巡逻小组,实行24小时巡逻,随时应对各类突发性事件,在全镇村庄组织100余名的情报信息员和治安联防员,把触角延伸到各个阶层、各个方面。

边临镇法院

三是坚持以人为本,做好思想教育工作。针对不同的对象,采取多种形式积极开展普法宣传教育活动，做到普法宣传铺天盖地，不留死角；法德结合，努力提高公民的法律意识和道德素质，增强群众的自我约束力，并大力弘扬见义勇为的精神，保护和激发群众参与治安的积极性，抓好农村青少年的思想道德教育和管理工作，积极建立学校、家庭和社会"三

边临镇派出所

结合"的教育管理机制，在全镇中小学配齐法制校长并定期上法制教育课。

　　另外，对那些小学或初中毕业后闲散在社会上的青少年，避免出现学校管不着、社会无人管、家庭管不了的现象；对农村外出或流入的打工人员，按照保护合法权益、提供良好服务、促进有序流动的原则，认真搞好登记管理，确保底子清、去向明、不漏管、不失控。

　　四是加强安全管理，减少治安隐患。要求派出所组织精干力量重点加强对枪支弹药、爆炸、剧毒等危险物品的管理，防止发生重大涉枪、涉爆、投毒和中毒事故；对企业进行安全检查，签订责任书，避免重大安全生产事故的发生。

　　五是加强民族宗教工作，做好宗教人士的教育管理和平安民族村（居）的创建工作；注重对宗教人士特别是阿訇的政治教育和培训，教育他们爱国、爱教，带头遵守有关的政策法规，使其主动与基层党政组织配合，共同做好信教群众的思想工作，促进全镇的民族团结。

五　完善调研创新工作机制

　　按照"内紧外松、特别慎重、积极稳妥"的原则，对发生的问题加强调查研究，在弄清情况的基础上，认真排查影响全镇社会稳定的突出问题，并逐项加以解决。

　　通过全力推进"平安边临镇"的建设，边临镇全镇上下出现了政治安定、社会稳定、经济发展的良好局面。

第十四章

农民入户问卷调查报告及专题研究

　　根据胡锦涛总书记关于"哲学社会科学研究要立足国情、立足当代，以深入研究现实问题为主攻方向"的指示精神，中国社会科学院对国情研究工作进行了总体部属和组织安排，为此，中国社会科学院经济研究所成立了多个"国情调研"课题组，其中之一就是"山东省边临镇国情调研"课题组。本课题组在张平研究员的主持下，一行五人先后赴边临镇调研两次，在首次对边临镇工农业发展状况、乡镇机构改革以及城镇化与新农村建设等情况进行了初步考察后，再次奔赴边临镇进行了更为细致的调研，并深入农户走访，进行农民入户问卷调查。根据农户走访和入户问卷调查资料提供的素材，形成了本章内容——农民入户问卷调查报告及专题研究。

　　为搞好本次调查，课题组设计了农民入户调查问卷（参见附录），并由中国社会科学院经济所魏众研究员对参与调研人员就农民入户调查问卷内容、如何开展调研予以了详细解释和说明，并模拟了入户调研，在此基础上，各调研人员走访农户，完成了本次入户调研的基础数据。

一　农民入户调查问卷简要说明

　　本调查问卷设计共分家庭成员基本情况、家庭收入支出状况以及家庭基本生活状况、劳动时间安排等三个大项目，其中每个大项有若干细分项目。

　　第一大项目"家庭成员基本情况"共含 35 个小项，内容涉及家庭成员基本情况的姓名、年龄、性别、婚姻状况、政治面貌等 5 项；农民的职业状况，包括上学及职业技能培训情况（共上学几年、其中，中专/技校/职高共读几年、当几年学徒、职业技能培训参加几个月）、目前主要从事工作地点、2006 年前是否当过县/乡/村干部、当兵/武警、2006 年前是否当过国家正式工人、2006 年前是否在县外打过工等 16 项内容；还有农民所从事的工作时间和收入状况，包括 2006 年在家干农活的天数、在本乡企事业单位工作天数和总收入、2006 年经商天数和总收入、2006 年搞运输天数和总收入、2006 年家庭加工业劳动天数和总收入、2006 年帮工、打工天数和总收入、因病或其他身体不适累计没干活的天数、因病或其他身体不适累计卧床天数等 14 项内容。

第二大项目"家庭收入支出状况以及家庭基本生活状况"共含 13 个部分，内容涉及 2006 年农作物收成情况、2006 年养殖业情况、2006 年水果收成状况、2006 年蔬菜收成状况、2006 年转移收入、2006 年生产开支情况、2006 年全家生活消费支出、2006 年缴纳税费及其他情况、家庭成员外出打工的情况、关于借贷、储蓄等问题、居民生活质量和基础设施状况、关于农村社会事业发展状况的看法等、2006 年其他情况的说明等，其中每个部分都涉及多种选项。

第三大项目"劳动时间安排"调查主要为了全面反映农民的作息时间，分为农忙和农闲两个时间段，其中每个时间段从起床开始到晚上休息全天的作息安排。

二　农民入户调查结果报告

本次调查问卷主要集中于能反映边临镇全镇状况的三个典型性村庄，共发出 100 份，回收中有 87 份有效，合格率为 87%。在有效调查的 87 户家庭中，共计人口有 265 人，户均 3 人以上。本报告将按照上述三个大项及其细分的若干小项来反映本次边临镇关于家庭成员基本情况、家庭收入支出状况以及家庭基本生活状况、劳动时间安排的入户调查结果。

（一）家庭成员基本情况

根据调查问卷，在家庭成员基本情况大项中，本部分主要反映三个内容，即人口年龄分布状况、上学及职业技能培训情况和工作行业、就业区域分布状况。

1. 人口年龄分布状况

根据问卷，在 265 人中，本报告将其年龄分为六个年龄段，即 1—10 岁、10—20 岁、20—30 岁、30—40 岁、40—50 岁和 50 岁以上，其各占比重分别为 0.06、0.215、0.09、0.207、0.2、0.228，直观比重分布可如图（14—1）。

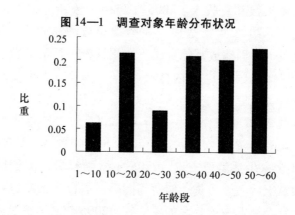

图 14—1　调查对象年龄分布状况

根据年龄分布图可直观看出，50 岁以上人口比重最大，反映了农村老龄化问题的显现；而 1—10 岁人口最少，其次是 20—30 岁人口，两者相加只有 15%，这反映了农村推行计划生育政策的后果。20—30 岁大致是 40—50 岁年龄段的下一代，也正是改革开放以后出生的人群，80 年代农村严格执行计划生育政策并成为乡镇政府任务重点之重，直接后果就是这个年龄段人口比例下降，而 1—10 岁的人口也正是这个年龄段的下一代，人口比例最小，当是情理之中的事情。30—40 岁大致是改革开放以前出生的人口，其比例与 40—50 岁相差不多，但其下一代 10—20 岁人口比重却高出 20—30 岁人口，达 12.5%，这又体现出到 90 年代以来，农村计划生育政策在执行层面有所松动，或者说农村劳动力的大量流动使得此政策的执行成效已大打折扣。若是此项年龄分布具有代表性，可以推测未来十年农村年青劳动力还会有个提升期，农村劳动力转移仍是一个严峻的课题，但此后农村青壮年劳动力会出现明显下降。

2. 上学及职业技能培训情况

对于教育状况，在 265 人的调查中，减去 7 岁以下的 8 人，在剩下

257 人中，受教育程度参差不齐，以小学五年，初中三年，高中三年来划分上学状况，在所有 257 人中，完整读完高中的，即上学年限大于 11 年者，仅 4 人，占 1.5%；初中毕业的，即大于等于 8 年的共有 93 人，占 36.2%；小学毕业，即读完 5 年的共有 195 人，占 75.9%。这从上学年限分布表可见一斑。

表 14—1   上学年限分布

上学年限(年)	小学						初中			高中		
上学年限(年)	0	1	2	3	4	5	6	7	8	9	10	11 年以上
上学人数(人)	25	3	6	12	16	32	42	28	22	66	1	4

由表 14—1 可见，若以小学毕业为是否文盲标准，推算文盲率大约只有 24.1%，其中上学年限小于 1—4 年的有 37 人可视为小学辍学人数，占上学人数的 14.4%，从未上学的占 9.7%。对于辍学状况，在中学部分，辍学率较高，上了初中但未毕业者，即上学六七年者，有 70 人，占上学人数的 27.2%，上了高中但未毕业者有 66 人，占上学人数的 25.7%。由上述分析可推测，虽然消除文盲率达 75% 以上，但从辍学情况看不容乐观，初中与高中辍学率都分别在 1/4 以上，加强农村中学教育还面临挑战。而至于中专/技校/职高以及职业技能培训情况来看，从数据显示几乎为零，反映了农村教育工作还较单调。

3. 工作行业、就业区域状况分布

在对工作状况的调查中，根据问卷数据，其中从事第一产业种植业（务农）的人数为 186 人；从事务工或经商以及交通、运输、建筑业等第二产业的人数为 38 人；从事第三产业，如教师、干部的人数为 5 人，其他如学生、学龄前儿童、婴儿和其他非劳动力的人数为 42 人。具体分布状况如表 14—2 所示。

由表 14—2 可见，在所有参加工作的人数中，三大产业就业比例分别为 81.2%、16.6%、2.2%，可以推测农村从事第一产业人数仍占绝对比重，高达80%以上，值得注意的是，在务工、经商一栏中，其中部分为第三产业的经商人数，因此第二产业比重要偏高一些、第三产业偏低一些，但不管如何，都不影响第二、三产业就业比例不足20%的结论，这里要强调的是农村劳动力转移，首先是产业转移都面临严峻形势。

表14—2　　　　　　　　　　工作行业分布状况

产业	第一产业	第二产业		第三产业		其他		
行业	种植业（务农）	务工或经商	交通、运输、建筑业	教师（包括民办教师）	干部（包括村干部）	学生	学龄前儿童、婴儿	非劳动力
人数（人）	186	35	3	4	1	22	8	12
三次产业就业比例	81.2%	16.6%		2.2%		—	—	—

除了产业转移外，农村劳动力转移还有另一层含义，即地域转移。根据就业地点调查数据显示，转移到本县以外的有27人，转移到本县外乡的有12人，而滞留于本村和本乡分别的有184人和38人，如表14—3所示。

表14—3　　　　　　　　　　就业地点分布状况

工作地点	地域转移		滞留本地	
	本县以外	本县外乡	本乡	本村
人数（人）	27	12	38	184
合计（人）	39		222	

由本表与上表数据对比可知，从事种植业（务农）的人数为186人，学生、学龄前儿童、婴儿和其他非劳动力的人数为36人，两者总数大致与滞留于本村和本乡的人数相差不多，可基本推断转移到本县外乡与本县以外的就业基本都是非农产业，也可基本得出结论：农村劳动力地域转移的同时也伴随着产业转移，但产业转移并不一定是地域转移，这取决于当地乡镇工业的发展状况，因此，真正意义上的农村劳动力转移应该是地域转移，80年代"离土不离乡"的转移，事实

证明难以为继。

（二）家庭收入支出及基本生活状况

本部分内容涉及面较广，包括家庭种植业养殖业情况、家庭主要生产生活支出情况、缴纳税费及家庭负担情况和居民生活质量等四个方面内容，较为全面地反映了当前农户的生产生活现状和面临的主要问题。

1. 家庭种植业、养殖业情况

根据调查问卷，本部分涉及以家庭为单位的种植业，包括农作物、水果和蔬菜以及养殖业的基本状况。从 87 个家庭的问卷反馈数据来看，对水果、蔬菜和养殖业的数据，能掌握一个大概状况。

从水果种植情况来看，有三户种植苹果，但产量相差悬殊，分别为17000 斤、8000 斤和 2000 斤；种植梨的有 4 户，分别为 2000 斤、700 斤、600 斤和 200 斤；种植桃的有 6 户，分别为 1000 斤至 5000 斤不等，自己家庭大约消费 100—150 斤左右，其他水果类则无数据。由这些信息，可大致推测，边临镇的水果种植基本以传统水果苹果、梨和桃为主，其中种植桃的家庭较多，且产量较大，大约 95% 以上出售。

从蔬菜种植情况来看，种植白菜的有 16 户，产量大都在 300—500斤，基本上是家庭消费，仅有一户产量 5000 斤，自己消费 500 斤；种植茄子基本与种植白菜的状况类似，但产量较小，100—300 斤；仅有一户产量 1 万斤，自己消费 200 斤；其他蔬菜种植基本无数据。由这些信息，也可大致推测边临镇蔬菜种植，大都是自给自足，供家庭消费，只有个别菜农以出售为主，而且蔬菜种植基本集中在白菜、茄子以及黄瓜等种类。

从养殖业来看，主要是养牛、猪、羊，其中养牛户数最多，且以出售为主；而养猪、羊户数不多。在 87 个家庭中有 36 户养牛，产量在 1000—3000 斤不等，户均 1958 斤，自家消费户均在 600—700 斤左右，即户均售牛约在 1300 斤左右。

从主要农作物来看，主要集中于小麦、玉米和甜菜的种植，其中家庭小麦最大产量有 1.5 万斤，最低产量 1500 斤；玉米最大产量有 1.5 万斤，最低产量 1000 斤；甜菜产量最大的 8000 斤，最低只有 500 斤，具体数值如表 14—4。

表14—4 家庭主要农作物产量情况

	均值	标准差	中位数	最大值	最小值
小麦产量（斤）	5426.253	2700.370	5000	15000	1500
玉米产量（斤）	5349.908	2762.466	5000	15000	1000
甜菜产量（斤）	1347.368	737.563	1500	8000	500

种植这三种农作物，主要是为了出售，调查数据显示，家庭消费小麦和玉米最大值为3000斤，最低消费分别为300斤和50斤；而甜菜家庭最高消费200斤，最低无消费，全部售出，具体如表14—5所示。

表14—5 家庭主要农作物自家消费情况

	均值	最大值	最小值
小麦产量（斤）	1309.302	3000	300
玉米产量（斤）	605.058	3000	50
甜菜产量（斤）	51.310	200	0

由以上数据可知，无论是产量和自家消费量，小麦都是主要农作物，其次是玉米，而甜菜基本为经济作物，主要用于出售，图14—2可清晰表明。

图14—2 各农作物平均产量与自家消费均量

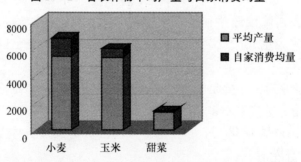

根据以上家庭种植业、养殖业情况的数据分析，表明边临镇传统农业特征还是较为明显，无论是农作物、水果、蔬菜和养殖业基本都是传统项目，且种植水果、蔬菜等的农户不多，自给自足现象明显。

2. 家庭主要生产生活支出情况

农村家庭的支出可分为生产支出和生活支出，其中生产支出主要体现在购买种子、化肥、农药，交纳灌溉费用和雇工机械支出三个方面，其中购买种子、化肥、农药平均每家花费近2000元，个别家庭花费高达5000元，几乎是另外两项总和的两倍，如表14—6数据。

表14—6　　　　　　　　家庭主要生产支出情况

支出项	均值	最大值	最小值
种子化肥农药	1903.862	5000	200
灌溉费用	454.195	1000	100
雇工机械	544.839	1500	100

由上表可见，购买种子化肥农药支出是主要的生产成本，占绝对比重，平均占整个生产支出的65.6%，其次是雇工机械，占18.8%，而灌溉费用占了15.6%，各项支出比重状况由图14—3一目了然。

图14—3　三种生产支出比例示意图

■ 种子化肥农药
■ 灌溉费用
□ 雇工机械

在生活支出方面，包括衣服、外出交通费、学杂费、购房和建设支出、通讯费、水电费、红白事人情支出、看病等十几项支出，按户均支出状况，总体可分为四个层次的支出：其中购房和建设支出最大，户均达2000元以上；位居第二层次的有衣服、副食支出分别接近800元，这说明了吃住等基本生存支出仍是农户的最大支出。而令人想不到的是，另一户均支出接近800元的项目，竟然是红白事人情支出，这反映了传统的农村人情世故、风俗习惯仍具相当的惯性；第三层次则是通讯费、看病费和烟酒支出，户均500多元，具体如表14—7所示。

表 14—7　　　　　　　　　　　家庭主要生活支出情况

支出项	均值	最大值	最小值
第一层次支出			
购房和建设支出	2172.414	40000	500
第二层次支出			
衣服	797.586	4000	100
副食	776.552	2500	50
红白事人情支出	790.287	4500	100
第三层次支出			
看病	539.655	5000	50
烟酒	545.287	2000	100
通讯费	508.488	5000	100
第四层次支出			
燃料支出	384.713	2000	100
房屋维修支出	285.058	5000	200
水电费	270.372	1000	40
学杂费	264.368	4000	100
家用电器和其他耐用品支出	264.138	4000	100
外出交通费	185.402	1000	50

　　从这四个层次可基本反映农户的生活消费支出状况，若从最大消费支出值来看，除了购房和建设支出外，房屋维修支出、看病、通讯费、学杂费和红白事人情支出也构成农户的一个重要支出项，除了通讯费外，生病、新学期报名、维修房屋或出现红白事的时候，将会对农户支出产生冲击。

　　无论是家庭生产支出还是生活支出，都构成农户负担的成本，两者比较有助于明确农户负担成本的构成。从生产支出来看，三项支出户均总和是 2092.896 元，生活支出户均总和是 7784.32 元，户均家庭总支出为 9877.216 元，其中生产支出占 21.2%，生活支出占 78.8%；但要看到在生活支出方面包括一次性固定支出，如购房和建设支出、房屋维修支出等，若扣除此两项，生产支出与家庭经常性支出比较，则生产支出的比例将提高 7 个百分点，达 28.2%，接近总支出的三层，如表 14—8。

表 14—8　　　　　　　　**家庭户均生产支出与生活支出构成**

户均生产总支出	户均生活总支出	户均总支出
2092.896 元	7784.32 元	9877.216 元
21.2%	78.8%	100%
扣除一次性固定支出后的构成		
2092.896 元	5326.848 元	7419.744
28.2%	71.8%	100%

3. 交纳税费及家庭负担情况

在本调查项中，主要是就税费问题和家庭负担情况，提出多个选项，农户进行意向性回答。由于此类调查有可能是多项选择，因此，有的回答者数量和比例之和均超过被调查农户数量，意向性选择主要是体现相关问题在农民心目中的位阶情况。

表 14—9　　　**取消农业税后，家庭负担减轻程度调查表**（调查总农户 87 户）

选项	回答者数量	比例
很多	12	0.138
多	9	0.103
一般	59	0.678
无影响	2	0.023
未回答者	5	0.057

由表可见，以减轻农民家庭负担为目的而取消的农业税，对将近七成农户而言，仅取得一般效果，只对其中近 14% 的农户产生减负效果，由此推断农业税并不是构成农户家庭负担的主要内容，那么什么是其主要负担呢？可见表 14—10。

表 14—10 家庭负担主要体现在哪些方面（可多选，调查总农户 87 户）

选项	回答者数量	比例
子女教育	32	0.368
子女婚嫁	31	0.356
看病医疗	27	0.310
其他	18	0.207

由上清晰可见，子女教育、子女婚嫁、看病医疗是构成农户的主要经济负担，成为农户的"三座大山"，与城市看病、医疗和住房稍有不同，这与农村有宅基地有关，但教育、医疗改革确已给全民带来沉重负担，已是不容忽视的事实。

此外，对于税费问题，还调查了取消农业税后，边临镇还需交纳的其他税费状况，如表 14—11。

表 14—11　　是否还要交纳其他费用，请列出费用名目及数量

支出项	均值	最大值	最小值
水费（元）	302.7	680	65
车船税（元）	76.36	128	56

据表显示，取消农业税后，边临镇还需交纳的其他税费主要有两大项：即水费和车船税，其每户均值分别有 302.7 元和 76.36 元，最大交纳值分别是 680 元和 128 元。

4. 居民生活质量状况

本项调查，主要体现在四个方面，即对住房条件是否满意、对社区环境是否满意、对农民收入增收的看法以及农村精神文明建设和社会事业发展状况。

首先，对住房条件的满意程度，问卷结果如下：

表 14—12　　　**您对住房条件是否满意（调查总农户 87 户）**

选项	回答者数量	比例
很满意	5	0.057
满意	51	0.586
一般	26	0.299
差	4	0.046
未回答者	1	0.011

显然，农户对住房条件满意的近六成，表明住房建设近年来在农村发展形势相当不错，这与城市形成鲜明对比，若加上回答一般的农户，比例高达 88.5%，可说明住房条件不构成农村的问题。

其次，对于社区环境方面，呈现出与住房条件相似的状况，唯一不同的是对此项内容不置可否的农户较多，达 21.8%，是否展现了对社区环境的某种漠然态度？如表 14—13。

表 14—13　　　**您对社区环境是否满意（调查总农户 87 户）**

选项	回答者数量	比例
很满意	0	0
满意	43	0.494
一般	25	0.287
差	0	0
未回答者	19	0.218

由表，选择满意的农户近一半，若加上选择一般的农户，两者之和达 78.1%，也可基本反映出新农村建设在社区环境方面提升、改善的成效。

其三，是关于农民收入增加的问题，在此栏目中列出了五个选项，以考察影响农民增收的困难所在。从问卷来看，农民普遍感觉增收困难，有近 88% 认为增收困难，其中生产资料价格高，有 65.5% 认为是增收困难的主要原因，具体如表 14—14。

表 14—14　　您对农民收入增收的看法（可多选，调查总农户 87 户）

选项	回答者数量	比例
感觉困难	76	0.874
收入来源单一	52	0.598
生产资料价格高	57	0.655
得不到扶贫帮助	14	0.161
农产品价低	6	0.069

注：因为此为多项选择，回答者数量和比例之和均超过被调查者数量

由表可见，除了生产资料价格高外，也有六成农户认为收入来源单一，是农民增收困难的重要原因，另外，还有 16.1% 的农户认为得不到扶贫帮助，由此可推断，收入来源单一和生产资料价格高是困扰农村经济发展的两个主要因素。

最后，是关于农村精神文明建设和社会事业发展状况，涉及治安状况、最突出的社会问题、本村的农民组织状况以及本村民主选举、民主决策、民主监督的状况四个方面。从问卷数据来看，有 98% 的农户对本村治安满意，最突出的社会问题集中在 4 个方面，即土地不均、牛羊被盗、计划生育和宅基地；本村对农民的组织主要集中在计生协会和农技讲座两项；对于是否参加过本村村委会干部选举、本村重大事情是否召开过村民大会讨论、村委会是否能代表多数村民的利益等方面，可见表 14—15。

表 14—15　　是否参加过本村村委会干部选举（调查总农户 87 户）

选项	回答者数量	比例
参加	67	0.77
从未参加	15	0.172
未回答者	5	0.058

77% 的农户参加过本村村委会干部选举，可反映当前农村的民主选举工作已基本在农村得到普及，广大农户参与意愿较强。

表 14—16　　　　本村重大事情是否召开过村民大会讨论（调查总农户 87 户）

选项	回答者数量	比例
参加	81	0.931
从未参加	6	0.069
未回答者	0	0

有 93.1% 的农户肯定本村重大事情召开过村民大会讨论，反映了边临镇基层民主建设成效，而有近 100% 的农户认为村委会能代表多数村民的利益，也反映了村民大会已成为可值得信赖的农村基层民主决策组织。

（三）家庭劳动时间安排

本项调查主要了解农户在农忙季节和农闲季节的全日作息时间安排，并对农户雇用机械一年可节省的时间、一年家务劳动的总时间和一年休息的时间进行考察，以从时间安排角度把握农户生产生活状况。

从问卷来看，经过归纳整理，农忙季节和农闲季节基本都有两种代表性全日时间安排，如表 14—17。

表 14—17　　　　　　　农忙与农闲劳动时间安排一览表

农忙季节			农闲季节		
代表性时间安排	第一种	第二种	代表性时间安排	第一种	第二种
起床时间	4：30	5：00	起床时间	7：30	8：00
第一项活动	早饭	早饭	第一项活动	早饭	早饭
持续时间	1.5	1.0	持续时间	1.5	1.5
第二项活动	下地	下地	第二项活动	做家务	自由活动
持续时间	5.5	5.0	持续时间	2.5	2.5
第三项活动	午饭	午饭	第三项活动	午饭	午饭
持续时间	1.5	1.0	持续时间	1.5	1.0
第四项活动	午休	午休	第四项活动	做家务	做家务
持续时间	2.5	3.0	持续时间	3.5	3.0
第五项活动	下地	下地	第五项活动	晚饭	晚饭

续表

农忙季节			农闲季节		
代表性时间安排	第一种	第二种	代表性时间安排	第一种	第二种
持续时间	5.5	5.0	持续时间	1	1
第六项活动	晚饭	晚饭	第六项活动	看电视	看电视
持续时间	1	1	持续时间	4	4
第七项活动	看电视	自由活动	第七项活动	晚休	晚休
持续时间	不定	不定	持续时间		
第八项活动	晚休	晚休	第八项活动		

由上表可见，在农忙季节，农户下地干活的时间大约在10—11小时；在农闲季节，主要是做家务5—6小时，其他时间则做饭与休闲、娱乐，农闲季节比农忙季节活动安排要少。另外，在对农户雇用机械一年可节省多少时间的调查中，普遍回答是300—400小时；对于一年家务劳动的总时间，普遍回答是900—1100小时，或是270—290天；对于一年休息的时间，普遍回答70—90天，或是3个月。

（四）主要结论与小结

1. 根据人口年龄分布状况，农村50岁以上人口比重最大，显现了农村老龄化问题；1—10岁人口最少，其次是20—30岁人口，反映了80年代农村严格执行计划生育政策的直接后果。而10—20岁人口比重高出20—30岁人口，达12.5%，体现出90年代以来，农村计划生育政策在执行层面有所松动，或者说农村劳动力的大量流动使得此政策的执行成效已大打折扣，可以推测未来十年农村年青劳动力还会有个提升期。

2. 根据上学及职业技能培训情况，表明农村消除文盲率达75%以上，但辍学情况不容乐观，初中与高中辍学率都分别在1/4以上，而至于中专、技校、职高以及职业技能培训情况来看，数据显示几乎为零，反映了农村教育工作的单调。

3. 根据工作行业、就业区域状况分布，农村从事第一产业人数仍占绝对比重，高达80%以上，而第二、三产业就业比例不足20%。农村劳动力转移，无论是产业转移还是地域转移都面临严峻形势，数据分析表明农村劳动力地域转移的同时也伴随着产业转移，真正意义上的农村劳动力转移应该是地域转移。

4. 根据家庭种植业、养殖业情况可推测，边临镇的水果种植基本以传统水果苹果、梨和桃为主，其中种植桃的家庭较多，且产量较大，大约95%以上出售。

蔬菜种植，大都是自给自足，供家庭消费，只有个别菜农以出售为主，而且蔬菜种植基本集中在白菜、茄子以及黄瓜等种类。

养殖业以养牛、猪、羊为主，其中养牛户数最多，且以出售为主。

主要农作物种植，主要集中于小麦、玉米和甜菜，主要是为了出售，家庭消费小麦和玉米最多，而甜菜种植大都为了出售。另外，无论是产量和自家消费量，小麦都是主要农作物，其次是玉米，而甜菜基本为经济作物。边临镇传统农业特征仍较为明显，无论是农作物、水果、蔬菜和养殖业基本都是传统项目，且种植水果、蔬菜等的农户不多，自给自足现象明显。

5. 农村家庭的支出可分为生产支出和生活支出，生产支出主要体现在购买种子化肥农药，交纳灌溉费用和雇工机械支出三个方面，其中购买种子化肥农药平均每家花费几乎是另外两项总和的两倍。而生活支出方面，购房和建设支出最大，而衣服、副食支出以及红白事人情支出次之；第三层次则是通讯费、看病费和烟酒支出。若从最大消费支出值来看，除购房和建设支出外，房屋维修支出、看病、通讯费、学杂费和红白事人情支出也构成农户的一个重要支出项，除了通讯费为日常消费外，当出现生病、新学期报名、维修房屋或出现红白事的时候，将会对农户支出产生冲击。

6. 以减轻农民家庭负担为目的而取消的农业税，仅对其中近14%的农户产生减负效果，而对将近七成农户而言，仅有一般效果，可推断农业税并不是构成农户家庭负担的主要内容。数据显示构成农户主要经济负担的是，子女教育、子女婚嫁和看病医疗，成为农户负担的"三座大山"。此外，边临镇取消农业税后，还需交纳的其他税费主要有水费和车船税两大项。

7. 关于居民生活质量状况，农户对住房条件满意的近六成，表明住房建设近来在农村发展形势相当不错，对于社区环境方面，呈现出与住房条件相似的状况。

8. 关于农民收入增加问题，从问卷来看，农民普遍感觉增收困难，有近88%认为增收困难，其中有65.5%认为生产资料价格高是增收困难的主要原因。此外，除了生产资料价格高外，也有六成农户认为收入来源单一，是农民增收困难的重要原因，可推断，收入来源单一和生产资料价格高是困扰农村经济发展的两个主要因素。

9. 关于农村精神文明建设和社会事业发展状况，从问卷数据来看，有98%的农户对本村治安满意，最突出的社会问题集中在土地不均、牛羊被盗、计划生育和宅基地等四个方面。农民组织建设主要是计生协会和农技讲座两项。另外，边临镇当前农村的民主选举工作已基本得到普及，广大农户参与意愿较强，反映了边临镇基层民主建设的成效，而有近100%的农户认为村委会能代表多数村民的利益，反映了村民大会已成为可值得信赖的农村基层民主决策组织。

10. 关于家庭劳动时间安排，数据表明，在农忙季节，农户下地干活的时间大约在10—11小时；在农闲季节，主要是做家务5—6小时，其他时间则做饭与休闲、娱乐。另外，农户雇用机械一年大约可节省300—400小时；一年家务劳动的总时间大约为900—1100小时或是270—290天；一年休息时间大概为70—90天或3个月。

另外，根据以上人口年龄分布、工作行业、就业区域分布、农村家庭的生产支出、农民收入增收问题和家庭劳动时间安排等方面的问卷调查结论，以及结合与乡镇政府人员和农户的访谈等情况来综合分析，可以感觉到当前农村劳动力转移仍是乡村亟待解决的一个重大课题。当前，边临镇农村劳动力的一个现实状况是，随着青壮年男劳力的外出，农村滞留了大量妇女，由于农村机械化耕作的普及，实际上她们成为低收入有闲群体的主要代表。为此，推动民营经济、个体私营企业的发展，实现产业转移，吸收这群劳动力，增加她们的收入，可缓解由于无所事事和低收入所引发的各种矛盾；另外，当前农村家庭普遍存在的长期两地分离的状况，干扰了许多农村家庭的正常生活，而这种情况的根本解决则必须依靠农村劳动力有效的地域转移来实现。可以说，当前我国农村劳动力的转移问题仍任重道远。为此，本报告对这一问题予以了关注，还专门为此借鉴推拉理论进行了相关专题研究，主要从影响农民收入的五个方面分析了产生农村劳动力转移"推出效应"的根源所在，并对"推出效应"的消解给出了简要的政策建议。

三　专题研究:我国农村劳动力转移的"推出效应"分析

内容提要:在本次乡镇调查中,对于农村劳动力的转移问题进行了考察,发现尽管边临镇通过工业化与城镇化以及农民外出打工两条途径实现了农村劳动力转移,但农村劳动力转移问题仍任重道远。根据考察中所感,本专题借鉴推拉理论,并在对其拓展和细化的基础上,重点分析了农民究竟是被"推出"或被"拉出"的理论问题,并主要从影响农民收入的五个方面分析了产生农村劳动力转移"推出效应"的根源,最后对"推出效应"的消解给出了简要的政策建议。

(一)　问题的提出

计划经济时期,由于推行"重工业优先发展战略"和"城乡差距发展战略",农民进城被严格控制,导致城乡分割的二元经济出现。改革初期,由于农村经济体制改革和乡镇企业快速发展,推动了我国农村劳动力进入了"离土不离乡"的首次转移;1992年后开始建立社会主义市场经济,由于乡镇企业发展陷入困境以及农村内部劳动力消化能力趋弱,农村劳动力又进入了"离土又离乡"的二次转移。在二次转移中,据 Wu 和 Zhou (1996)[①] 估计,1990 年以来每年大约有 5000 万—6000 万劳动力由农村转移到城市;据蔡昉 (2007)[②] 研究,1997—2004 年农村外出劳动力从 3890 万人攀升到 10260 万人。但二次转移所呈现的"候鸟式"迁移特征,使得我国农村劳动力转移虽历经十几年,但农村人口仍占绝对比重:2006 年我国人口总数为 13.1448 亿,其中乡村人口 7.3742 亿,仍占 56.10%。显然,农村劳动力转移仍是我国亟待研究的重大课题。

本次乡镇调查,农村劳动力转移的问题也是重点考察项目之一。从边临镇农村劳动力分布状况来看,农村劳动力转移同样是大势所趋。农村劳动力转移在我国可从产业转移与地域转移两个角度来分析,其中产业转移

---

① 马九杰、孟凡友:"农民工迁移非持久性的影响因素分析",《改革》2003 年第 4 期。

② 蔡昉:"中国经济面临的转折及其对发展和改革的挑战",《中国社会科学》2007 年第 3 期。【从 1997 至 2004 各年的外出劳动力(万人)分别是:3890、4936、5204、6134、7849、8399、9831、10260】。

状况可通过从事第一产业劳动力占整个乡村劳动力的比重变化反映出来，地域转移状况可通过农业人口比重的变化趋势反映出来。从边临镇的调查资料显示，全镇农村劳动力的大规模转移主要在进入 21 世纪后得到充分显现。如图 14—4 表明了 1992 年以来边临镇农村劳动力的产业转移趋势。

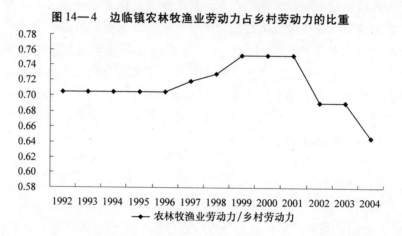

图 14—4　边临镇农林牧渔业劳动力占乡村劳动力的比重

　　由图所示，边临镇 1992 年农林牧渔业劳动力占乡村劳动力的比重为 70.4%，且多年维持在同一水平，到 2000 年增长到 75.3%，而从 2002 年后开始下降，三年之内竟下降 10 个百分点，达 64.5%。类似的趋势同样在地域转移状况中得到反映，如图 14—5 描述了 1992 年以来边临镇农村人口的比重变化趋势。

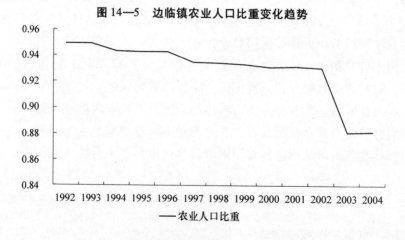

图 14—5　边临镇农业人口比重变化趋势

　　由图 14—5 可见，与产业转移不同的是，边临镇农业人口 1992 年以来一直缓慢下降，由 1992 年占 94.9% 到 1996 年为 94.3%，四年下降 0.6 个百分点，从 1996 年再到 2002 年为 93%，六年下降 1.3 个百分点，而从 2002 年至 2004 年，两年之内下降 4.8 个百分点，达 88.2%。此趋势表明边临镇地域转移的步伐逐渐加大，2002 年呈现突飞猛进的势头。

　　无论是产业转移还是地域转移，根据调查资料和实地考察，对于边临镇，其转移途径主要有两条：一是当地的工业化和城镇化的结果，这从边临镇工业经济发展和小城镇建设成就可见一斑；二是劳动力外出打工的转移途径，这从 2006 年边临镇各管区农村劳动力比例构成中可有所反映。

表 14—18　　　　　　　　**2006 年边临镇各管区农村劳动力比例构成** *

	从事家庭经营劳动力	有组织输出劳动力	常年外出务工劳动力	外出劳动力比重合计
位集	0.751	0.000	0.249	0.249
南北辛	0.791	0.124	0.086	0.21
西华	0.833	0.036	0.131	0.167
边镇	0.572	0.062	0.366	0.428
生金刘	0.836	0.074	0.090	0.164
合计	0.759	0.062	0.178	0.241

　　*　边临镇按全镇土地划分为五个管区，即分别为：位集、南北辛、西华、边镇以及生金刘。

　　从上表可见，在外出打工劳动力中，最少的是生金刘管区，只有 16.4%，最高的是边镇达 42.8%，这与各管区的经济发展状况和地区自然地理条件密切相关。

　　至于究竟何种途径是劳动力转移的主要途径及各种途径在劳动力转移中的比重，相关资料难以统计，也非本专题关注的话题。这里，我们要重点突出两点：一是农村劳动力转移在当前我国农村仍任重道远，从边临镇情况可见，无论是农业人口比重还是农林牧渔业劳动力占乡村劳动力的比重都仍占绝对优势，2004 年分别达到 88.2% 和 64.5%，这是一目了然的事实；二是农村劳动力转移已是大势所趋，尤其是进入 21 世纪后，这从边临镇产业转移和地域转移在 2002 年后突飞猛进的势头可见一斑，那么在我国有中国特色的社会主义制度以及社会主义市场经济条件下，究竟是何种因素决定了这个势头、这种因素的形成原因是什么以及如何解决它并促进农村劳动力快速转移，是本专题拟要重点探讨的主题。

（二）理论借鉴：推拉理论简介

对于农村劳动力转移的研究，目前应用最广泛的理论之一，即为推拉理论。推拉理论起源于 19 世纪人口学、社会学关于人口迁移的研究，该理论具备较成熟的理论框架，强调影响人口迁移的经济、社会以及个人等多重因素以及强调人类行为的现实性分析，具有较强的理论适用性和灵活性，而这种适用性和灵活性不仅增强了其理论借鉴意义，而且有利于在应用中拓展其理论空间。由于推拉理论的这些特征，本专题拟借鉴该理论的分析框架来予以研究。

推拉理论起源可以追溯到英国学者雷文斯坦（E. Ravenstien）1880 年发表的一篇题为《人口迁移规律》的论文，在文中他认为受压迫和歧视、沉重的赋税、气候不佳等因素都是人们迁移的原因，但经济因素是最重要的原因，并归纳了人口迁移的七条规律。[①] 此后，西方学者在探讨人口流动原因时，赫伯拉（Herberla）在 1938 年、米切尔（Mitchell）在 1946 年分别提出了推拉理论，指出迁出地的就业和耕地不足、自然灾害等构成了迁移的推力；迁入地更好的就业机会、更高的工资等构成了拉力，迁移就是两地推力与拉力相互作用的结果。唐纳德·博格（D. J. Bogue）于 50 年代系统地阐述了推拉理论，指出迁出地和迁入地对人口迁移各自存在推力和拉力，两者合力大小决定了迁移[②]。博格之后，迈德尔（G. Mydal）、索瓦尼（Sovani）、贝斯（Base）、特里瓦撒（Trewartha）都对推拉理论作了一些补充与修正。1966 年李（E. S. Lee）在《移民人口学之理论》一文中，把位于迁出地和迁入地两地中间的障碍因素及个人因素引入解释框架，指出迁出地与迁入地因素、中间障碍因素、个人因素产生的推力和拉力共同决定了劳动力流向，人口迁移的发生就在于迁出地内推力总和大于拉力总和，而迁入地内拉力总和大于推力总和。可以说，在李引入了中间

---

① 李强：《农民工与中国社会分层》，社会科学文献出版社 2004 年版。即：1. 人口的迁移主要是短距离的，方向是朝工商业发达的城市的；2. 流动的人口首先迁居到城镇的周围地带，然后又迁居到城镇里面；3. 全国各地的流动都是相似的，即农村人口向城市集中；4. 每一次大的人口迁移也带来了作为补偿的反向流动；5. 长距离的流动基本上是向大城市的流动；6. 城市居民与农村居民相比，流动率要低得多；7. 女性流动率要高于男性。

② 王茂福、史铮："制度变迁背景下的水库移民返迁——人口迁移动因的推拉理论的完善"，《华中科技大学学报》（社会科学版）2004 年第 3 期。

障碍因素和个人因素后，基本确立了推拉理论的分析框架。

（三）理论应用：剖析农村劳动力转移的"推出效应"

由上可见，推拉理论发展至今已基本确立了分析框架，但并不意味着其不再具有拓展空间，尤其在不同国情状况下，理论应用中更具细化的价值。比如，我们至少可在以下几方面有所推进：首先，当各种推拉力相互作用时，可进一步区分各力对迁移者的作用方式和作用顺序的差别；其次，可细分劳动力迁移的不同阶段以及在不同迁移阶段是哪些力发挥主导作用；其三，有必要区分力的不同性质，因为不同性质的力不具可比性。就如某农民在意识上纵有无穷的激情与雄心要进城，城镇拉力无限大，但迁移费用不够，现实很难成行；或某农民工挣钱千万，有现实能力留城，但若失去对城市的兴趣，也将离城而去，这涉及意识力与现实力的不可比性，即主观意识与客观现实的不可替代性。而各种推拉力有的产生于主观意识，有的来自于客观现实，对此做出区分，有助于分析各种推拉力的不同功能。

由于本专题是在边临镇调查中所感而作，主要视角在于农村阶段，而非整个农村劳动力转移的过程，重点在于分析在农村究竟是何种因素决定了劳动力必须转移这个势头，因此，本文将围绕着农村状况来分析农村劳动力转移的推拉效应。

1. 究竟是被"推出"还是被"拉出"

发展经济学理论通常确定城乡收入差异或城乡预期收入差异是将农民拉出农村的原因，李强（2003）也表明为增加收入、为更好的生活都是农民外出的主要原因，同样表明农民是被拉出来的，那农民究竟是被推出来还被拉出来的呢？

从李强列出的农民外出的主要动因来看：城市收入高、城市有更好的发展机会、城市生活更好、城市能见世面等，显然这都是城市的拉力作用，似乎充分表明了农民是被城市拉力拉出来的；但反过来看，同样的动因也可看成农村收入低、农村没有发展机会、农村生活太苦、农村封闭保守等农村推力的作用①，因此，难以判断这究竟是拉力还是推力所为。另

---

① 李强："影响中国城乡流动人口的推力与拉力因素分析"，《中国社会科学》2003 年第 1 期。此文表明这些都是农民外出的主要原因。

外一个事实是城市有大小之分，不管是收入差异或城乡预期收入差异以及类似原因，大城市同样也对中小城市居民有拉力，但为何城市居民流动少呢？有人说拉力不够大，又为何会不大呢？因为中小城市生活水准相对农村高，推力就相对小，所以同一大城市对其拉力就小一些，如此可推论拉力大小是相对推力而言的，推力大时，则拉力大；反之则反。这就表明拉力成为农民外出主要动因已难成立，但似乎显示推力与拉力具有同等重要的地位，何者为主导作用还依旧模糊。

为确定推力与拉力的主导作用，在此情况下，可通过假设只有推力无拉力时，或有拉力无推力时会出现何种情形来加强判断。当只有推力无拉力时，意味着现实生活状况不佳，外在没有显示改善生活的可能，此时仍会出现群体迁移现象。如由于农村情况恶化，英国农民被圈地运动被迫推出农村，与城镇拉力无关；东印度农民迁往加尔各答，不是因为加尔各答有特别丰厚的收入和就业机会①，这意味着拉力很小，主要是推力作用的结果。又如我国农村劳动力首先流动发生在"人—地矛盾"较为突出的地区，如温州、台州等地，进城从事小商、理发、擦鞋、搬运等工作②，这也体现了推力而非拉力的主要作用。反之，有拉力无推力时，意味着实际生活状况不错，并无抛弃现状的动机，但外在有个更好的去处，能否出现群体性迁移？此例不多，最接近的案例是改革开放初期办四大经济特区时一批人南下，这主要是拉力的作用与推力关系不大，但显然个案特征较多，不具普遍性的规模效应。如此比较，可基本推论大规模迁移中推力③比拉力更具主导作用。如此，可以说，农民实际上是被推出来的而非拉出来的，拉力显得大，是因为推力大的缘故，因为人们总是依据自我生活水平为参照来判断外在拉力的大小。理性思维过程中，首先关注的必是现实的而非想象的问题，实际生活总是推动理性决策的导火索，而推力系统正是刺激现实生活的作用力，而此时拉力具明显的憧憬特征，故我们可以基本下个结论：农民是被"推出"而非"拉出"的。

---

① 李德洗："农村劳动力转移的经济学分析"，经济学家网站——就业与人力资源流动，http://www.jjxj.com。

② 梁雄军等："农村劳动力二次流动的特点、问题与对策"，《中国社会科学》2007年第3期。

③ 此段论述的推力实际是指推力系统的合力，此为简便和习惯起见。

2."推出效应"产生的根本原因

既然农民是被推出农村的,那么重点分析农村推力,将有助于把握究竟是何种因素决定了我国农村劳动力必须转移这个势头。

推力,并非一个简单的力,而是一个系统,包括推力与反推力。如前所述,不同的力有不同性质,总体来说,其包括精神层面的意识力与刺激实际生活的现实力。

推力既有刺激精神层面的意识力 T^Y,如农村封闭保守,思想不解放、村干部作风恶劣等;也包括迫使生计困顿,刺激农民实际生活的现实力 T^X,如收入水平低、没有挣钱机会、农村税费过重等。反推力主要表现为精神层面的意识力 FT^Y,如难舍亲情与故土情、抛弃现存生活,离开熟悉环境的恐惧感,生活惯性与既得利益的难舍等,表现为意识上对离开农村起反推作用。由于主观意识与客观现实的不可替代性,使得不同的力存在可比性原则问题。所谓力的可比性原则,是指两种同质的力才能比较,比如意识力之间、现实力之间可比,而它们之间无可比性。

由上所述,推力系统包括两个意识力,即 T^Y 和 FT^Y,一个现实力 T^X。其中 T^Y 和 FT^Y 具有相互抵消效果,但由于 T^Y 产生的根源主要是农村的自然地理与历史发展状况,也与国家政治制度、农村行政管理制度相关,而 FT^Y 主要源自现存空间一系列现实生活的惯性与利益,与个体综合素质和具体情况密切相关,两者相抵农民在意识上被"推出"概率较大,也即农民很大程度上相比滞留农村,走出去的意愿较强。

此外,还有一个现实力 T^X 直指"推出"农村,而并无其他的现实力与之相抵。由于 T^X 是刺激农民现实生活的推力,主要从经济层面给农民施压,动摇其经济基础,相比而言,其力度必大于精神层面的意识力。显然, T^X 越大,"推出效应"越显著,决定 T^X 的因素也必是农村劳动力必须转移这个趋势的主要动因,以下将主要分析 T^X 的产生。

根据调查归纳,推力 T^X 的综合表现可概括为:收入水平低、没有挣钱机会、农村税费过重、农村没事干、人均耕地少等,主要是经济层面问题,可见 T^X 的产生与农民经济状况密切相关。那么 T^X 究竟是如何产生并加剧的呢?本专题拟从影响农民经济活动的五个方面:即农民的劳动时间、劳动强度、劳动机会、劳动成效、劳动收入来予以探究,并在此基础上分析其功效。

其一,劳动时间,它与劳动强度是同一过程的两个方面。当前,我国农村多数地方已经在产前、产中、产后各环节大面积采用了机械化作业，大幅减少了劳动时间，也降低了劳动强度。根据我们的国情调查问卷可知[1]，普通家庭平均一年家务劳动总时间约在 1000 小时左右，而雇用机械一年平均约可省 400 小时，占四成左右比重；另外，以往"三夏"农忙时节，外出打工农民都要赶回家收割，现在用联合收割机作业，可使原来的十几道工序简化为几道。一个典型案例是据新湖乡刘楼村村民刘宏介绍，她家里种了 4 亩小麦，人工收割时，收割、运输、打轧，加起来要一个多星期，玉米穿种也要两天多，现在用小麦联合收割机只一个上午就收完小麦，玉米播种最多只用 3 个钟头，以前 10 天的活如今一天就可干完[2]。显然，农业机械化程度提高，不仅大大节约劳动时间，而且劳动强度也大大降低，在调查中得知现在的干农活，相当时间是在田头当看客或做些辅助性工作，可谓休闲优哉。

其二，如此，具有充裕时间和充沛精力的农民是否有其他劳动机会挣钱呢？这涉及农民的劳动机会问题。根据我们国情调查问卷在关于"农民收入来源是否单一"选项中共有 88 个对象，其中肯定的 55 个，占 62%；否定的 22 个，占 25%。另外，根据边临镇 2006 年各管区农村经济收入比例构成，种植业收入占 67.2%、工业收入占 7.0%、而建筑业、运输业、商饮业、服务业收入共占 7.6%，其余为林牧渔业收入，也只占 18.65%。如表 14—19。

表 14—19　　　　　2006 年边临镇各管区农村经济收入比例构成

	位集	南北辛	西华	边镇	生金刘	合计
种植业收入	0.681	0.673	0.670	0.669	0.670	0.672
其他农业收入	0.033	0.031	0.032	0.032	0.032	0.032
林业收入	0.011	0.011	0.011	0.011	0.011	0.011
牧业收入	0.121	0.119	0.120	0.120	0.120	0.120
渔业收入	0.011	0.011	0.011	0.011	0.011	0.011
工业收入	0.070	0.069	0.070	0.070	0.070	0.070

---

[1]　中国社会科学院经济所在山东边临镇的国情调研资料。

[2]　人民日报：《山东农业"三夏"变"两夏"减少农民劳动时间和强度》，坷垃网，http://www.kelawang.com。

续表

	位集	南北辛	西华	边镇	生金刘	合计
建筑业收入	0.024	0.024	0.024	0.024	0.024	0.024
运输业收入	0.002	0.016	0.016	0.016	0.016	0.014
商饮业收入	0.032	0.031	0.031	0.031	0.031	0.031
服务业收入	0.007	0.007	0.007	0.007	0.007	0.007
其他收入	0.009	0.008	0.009	0.009	0.009	0.009

由这两组数据大致可推论：当前农民收入来源较为单一，主要集中在种粮食或蔬菜瓜果等农活领域，其他能带来收入的劳动机会很少。事实上，根据国家统计局农户家调查数据计算，农民收入主要来源于农业，农户生产性纯收入中，第一产业高达 60.7%，第二产业仅占 24.4%，这基本与上述调查数据相当。谢威（2005）[1] 依据 1978—2003 年数据算出我国农民收入增长对第一、二产业的依赖关系中，第一、二产业产值每增加 1 亿元，分别促使农村居民的收入增加 0.671 亿元和 0.045 亿元的结论，也表明了农业是农民的主要收入。当前我国农民劳动机会单一是毋庸置疑的事实。

其三，单一的劳动机会、充裕的时间、充沛的精力与高效率的农业机械化，这是否意味着农民正在享受现代化休闲的田园生活呢？事实不容乐观。主要依靠承包固定的土地为收入来源的农民，生活改善在很大程度上取决于单产与价格。从单产状况看，以粮食为例，我国从 90 年代中期开始，粮食单产增长趋缓，如 1998 至 2006 年粮食单产提高明显缓慢，8 年中增长了 14.3 公斤，年均增长 1.79 公斤，年均增长率为 0.6%[2]；另外，据我们调研也发现，边临镇小麦单产从 1997 年开始不仅未提升，反而逐年下降，由 1997 年的 425 公斤下降到 2002 年的 346 公斤，直到 2003 年后才恢复到 450 公斤；而玉米在 1998 年达到历史最高峰 500 公斤，此后也逐年下滑直至 2002 年的 350 公斤，从 2003 年后又恢复到 500 公斤。如表 14—20。

---

① 谢威："对影响农民收入增长因素的实证分析"，http：//www.chinavalue.net。

② 中国食品产业网："李振声院士呼吁出台节粮法"，http：//www.foodqs.com/news（2007 年 11 月 20 日 09：16）。

表 14—20　　　　　　　　　临镇主要粮食作物播种面积与产量

年份	播种面积	小麦单产	总产	播种面积	玉米单产	总产
1992	29000	393	11397	12100	292	3530
1993	35000	343	12000	20000	400	8000
1994	30000	414	12426	18000	481	8665
1995	32000	392	12540	18000	487	8772
1996	32000	411	13160	29500	359	10587
1997	32000	425	13600	22000	375	8250
1998	31000	405	12555	21000	500	10500
1999	30000	410	12300	21000	500	10500
2000	30000	350	10500	19000	500	9500
2001	25000	400	10000	15000	400	6000
2002	28000	346	9682	22480	350	7868
2003	24480	450	11016	21000	500	10500
2004	21000	450	9450	21000	500	10500

　　显然，这表明了这样一个基本事实：我国农村机械化程度虽逐年提高，由于缺乏规模效应，提高农产品单产的潜力非常有限，难以从产品总量上为农民提高收入做出更大贡献，而更多体现于释放农村劳动力，加大无所事事的农民规模，也即农业机械化有劳动效率但劳动成效不显著。

　　其四，此外，农民可否通过价格来提高劳动收入呢？价格通常包括农产品价格和生产成本价格，长期以来，我国采用"剪刀差"剥夺农民利益为工业提供积累，当前状况是否改观了呢？遗憾的是，自90年代中期以来，我国主要农产品价格持续低迷，1996—2003年农产品价格一直在较低水平上运行。直到2003年夏收前，粮食等主要农产品价格不足1996年峰值时的2/3。自2003年9月份以后，农产品价格才总体上结束了自1997年以来的下降趋势。① 与此同时，如农药、化肥、良种、农膜等农业生产资料的价格却不断攀升，导致农业生产成本越来越高，农业生产比较收益越来越低，农民通过农业增收越来越难。根据我们调研，在农民增收困难

---

　　① 国务院发展研究中心"经济形势分析"课题组：《让农民从农价上涨中受益》，http：//www. jrj. com。

的体现一项中，88 个样本中有 59 个，占 67% 的农民认为生产资料价格高是重要原因之一。此外，雇用农用机械在释放农民的时间与体能的同时却增加了负担，所谓"利润被机器给吃掉了"。比如，据农民粗算一笔账，在单产稳定在每亩地玉米收获 400 公斤左右情况下，一亩地用收割机 50 元、粉碎玉米秆 30 元、运玉米穗 10 元、脱粒 10 元、犁耙 50 元、化肥 100 元、播种一亩 20 元、种子一亩 30 元、每亩灌溉 60 元，一亩地共需支出 360 元，玉米每公斤 1.4 元，每亩收入 560 元，不包括农民付出的其他劳动，每亩地只 200 元纯收入，占毛收入的 36%[①]，如此，农业机械化的结果却使得普通农民劳动收入捉襟见肘。

由上可见，仅依据这五个影响收入的互相联系的环节所产生的推力 T^X，可基本看出其功效：当前我国农村的经济现状，仅从收入环节看，实际上已把农民推到了一个"贫困而又无所事事"的境地，这还不包括各种摊派、乱收费、医疗、教育等各种支出环节的负担所产生的推力。此时，出现"农村真穷，农民真苦，农业真危险！"的喊声，实属必然！由于经济是一切的基础，生存问题是根本性问题，由此也可判定，当前的农村，作用于经济层面的、包括收入与支出环节产生的推力 T^X，再加上作用于精神层面的推力 T^Y，即推力远大于反推力是常态，也由此产生了推力系统的功效：即由于推力大且远大于反推力，使得推力系统指向推出农村，从而迫使我国农民面临不得不走出农村的困境，表明我国大部分农村劳动力都已是外出意愿强烈的潜在迁移者，"推出效应"显著。

（四）政策建议："推出效应"的消解

由于推出效应的产生关键在于影响农民经济问题与生存问题的推力巨大，使得农民处于生活困苦之中，不言而喻，要消解推出效应，必须有效化解现实推力 T^X 的力度。

当前是经济飞速发展的时代，高速工业化必促使农村经济剧变，由此决定了现实推力 T^X 存在朝着力的积累与加剧的方向变动这种发展趋势，推动着农村的边缘化与贫困化。要有效消解或疏导推力 T，此时，有两种方案，一是短期效应，即加大改善农村生活的力度，从资金、政策、管理等各方面努力消解推力，但这个过程比较漫长，有相当的体制性阻力，并

---

① 凤凰论坛。

且在工业化时期，这种措施往往带有应急性特征，可解燃眉之急，也许有效但必然有限，因为农民走出农村是个自然演变历程；二是长期效应，即推动农民顺利走出农村。这将涉及我国工业化与城市化的发展路径问题，若大规模的工业化仅是关注工业利润，甚至不惜造成工农产品"剪刀差"，而非以吸纳农村劳动力为目标；若大规模城市化，仅是修建城市道路、城市建筑，扩展城市空间，而非吸纳农民定居城市，此举不仅不能消解，更是加大"推出效应"，此时将会酝酿两种情况：或是农民被动走出农村，若失业将大规模聚集在城市，对城市治安带来风险，近来上海、东莞等城市相继出台相关租房政策，大有驱赶农民工回流农村之意，此举虽无情但也反映出了这种潜在风险；或是农村劳动力大规模回流，那农村将面临更大的群体性事件发生的危险，任其发展，可能会导致社会性变革或是灾难性后果。

鉴于此，当前国家必须采取两手策略，一手提高农产品价格，降低农民不必要的支出，提高农民净收入，有效消解因"推出效应"所集聚的矛盾；一手调整工业化与城市化发展轨迹，以吸纳农村劳动力为主要目标，主动引导农民"走出"农村，而非农民被动"推出"农村，促进我国迈入走向一元化社会的正轨。

农户生活状况调查表

一 家庭成员基本情况（录入时按列展开）

N	家庭成员编码	一	二	三	四	五	六
	姓名						
A01	与户主的关系	1. 户主 2. 配偶 3. 父母（公婆、岳父母）4. 其他父辈 5. 儿女（媳婿）6. 其他子辈 7. 兄弟姐妹 8. 其他同辈 9. 孙辈 10. 祖父辈 11. 其他					
A02	年龄（周岁）						
A03	性别	1. 男　2. 女					
A04	婚姻状况	1. 已婚　2. 未婚　3. 离异　4. 丧偶　5. 其他					
A05	是否是党员	1. 是　2. 否					
A06	上学及职业技能培训情况	共上了几年学（没上过填0，不满一年的折成小数年）					
A07		其中，中专/技校/职高共读了几年（没读过填0，不满一年的折成小数年）					
A08		当了几年学徒（没做过填0，不满一年的折成小数年）					
A09		职业技能培训参加了几个月（没参加过填0，不满一月的折成小数月）					

N	家庭成员编码	一	二	三	四	五	六
	姓名						
A10		是否受过伤或觉得身体不舒服　1. 是　2. 否					
A11	最近 30 天内患病或受伤情况	若是，看过医生吗　1. 是　2. 否					
A12		如果看过医生，都去过哪里看病（可多选）　1. 村卫生室　2. 乡镇卫生院　3. 中心卫生院　4. 县医院　5. 私人医生/诊所　6. 其他医疗机构　7. 医生出诊					
A13	目前主要从事（只选 1 项）	1. 种植业(务农) 2. 林牧渔业 3. 干部(包括村干部) 4. 教师(包括民办教师)　5. 务工/经商 6. （五人以上）企业主 7. 交通/运输/建筑业　8. 学生 9. 学龄前儿童/婴儿 10. 其他非劳动力 11. 其他行业					
A14	工作地点	1. 本村　2. 本乡　3. 本县外乡　4. 本县以外					
A15	2006 年前当过县/乡/村干部吗	1. 是　2. 否					
A16	2006 年前当过兵/武警吗	1. 是　2. 否					
A17	2006 年前当过国家正式工人吗	1. 是　2. 否					
A18	2006 年前在县外打过工吗	1. 是　2. 否					
A19	2006 年还在外面打工吗	1. 是　2. 否					
A20	工作环境对身体有影响吗	1. 有　2. 没有　3. 不知道					

N	家庭成员编码	一	二	三	四	五	六
	姓名						
A21	2006 年如果没去打工，为什么（可多选）	1. 自己身体不好　2. 家里有病人需要照顾　3. 老板不要 4. 工资或工作条件太差　5. 家里有老人（小孩）要照顾　6. 其他					
A22	有几个子女?（仅 60 岁及以上的家庭成员答）	子	子	子	子	子	子
		女	女	女	女	女	女
A23	2006 年在家干农活的天数						
A24	在本乡企事业单位工作天数						
A25	在本乡企事业单位总收入（元）						
A26	2006 年经商天数						
A27	2006 年经商纯收入（元）						
A28	2006 年搞运输天数						
A29	2006 年搞运输纯收入（元）						
A30	2006 年家庭加工业劳动天数						
A31	2006 年家庭加工业纯收入（元）						

续表

N	家庭成员编码 姓名	一	二	三	四	五	六
A32	2006 年帮工、打工天数						
A33	2006 年帮工、打工总收入（元）						
A34	（仅 15 岁及以上的家庭成员答）	因病或其他身体不适累计没干活的天数（长期丧失劳动力者填 9999）					
A35		因病或其他身体不适累计卧床天数（长期卧床者填 9999）					

二 家庭收入支出情况及基本生活状况

注：没有填"0"，请不要空填。"家人消费"指仅用于家庭成员消费，不包括饲料。

1. 2006 年，以下农作物您家各收了多少斤

N	名称	总产量	家人消费	N	名称	总产量	家人消费	N	名称	总产量	家人消费
B101	小麦	_ 1	_ 2	B102	水稻	_ 1	_ 2	B103	玉米/苞谷		
B104	大豆			B105	洋芋/土豆			B106	红薯/红苕		
B107	谷子/小米			B108	甜菜			B109	甘蔗		
B110	芝麻			B111	黄红麻			B112	棉花		
B113	油菜子			B114	花生			B115	向日葵		
B116	烟草			B117	西瓜			B118	竹子		
B119	茶叶			B120	焦藕			B121	木材		
B122				B123				B124			
B125				B126				B127			

2. 2006 年，您家的养殖业情况

N	名称	卖了（元）	自留（斤）	N	名称	卖了（元）	自留（斤）	N	名称	卖了（元）	自留（斤）
B201	牛			B202	猪			B203	羊		
B204	鸡			B205	鸭			B206	鹅		
B207	鱼			B208	狗			B209	兔		
B210	蚕			B211	蛋类			B212			
B213				B214				B215			

3. 2006 年，以下水果您家各收了多少斤

N	名称	总产量	家人消费	N	名称	总产量	家人消费	N	名称	总产量	家人消费
B301	苹果			B302	梨			B303	桃		
B304	柑/橙/柚			B305	核桃			B306	李子		
B307	草莓			B308				B309			
B310				B311				B312			

4. 2006 年，以下蔬菜您家各收了多少斤

N	名称	总产量	家人消费	N	名称	总产量	家人消费	N	名称	总产量	家人消费
B401	萝卜			B402	白菜			B403	茄子		
B404	番茄			B405	辣椒			B406	大蒜		
B407	大葱			B408	花椒			B409	黄瓜		
B410	青菜			B411				B412			
B413				B414				B415			

5. 2006 年转移收入

注：收入的实物折成现金

B501	外出家庭成员寄来/带来	元	B502	政府救济	元
B503	分家子女送给了	元	B504	家庭外其他亲属送给了	元
B505	家庭外非亲属送给了	元	B506	出租东西的收入	元

6. 2006 年，您家的生产开支情况

B601	种子/化肥/农药	元	B602	灌溉费用（含水电费）	元
B603	雇工/机械	元	B604		元

7. 2006 年，全家生活消费支出情况

B701	全家买衣服	元	B709	（生活用）水电费	元
B702	买副食（油/菜/肉等）	元	B710	买主食（粮食类）	元
B703	外出交通费	元	B711	买烟酒	元
B704	学杂费	元	B712	看病总花费	元
B705	房屋维修费支出	元	B713	其中，报销/减免了	元
B706	购房和建房支出	元	B714	红白事人情支出	元
B707	通讯费（座机/手机等）	元	B715	家用电器和其他耐用消费品支出	元
B708	买燃料（柴火/煤炭等）	元	B716		元

8. 2006 年，您家的其他情况

B801	您家房子（含宅基地）能卖	元	B805	您家共有土地	亩
B802	2006 年您家共新借钱	元	B806	其中水浇地	亩
B803	其中因治病借钱	元	B807	其中坡地	亩
B804	您家一年共拾/打柴	斤	B808	您家自己有井	口

9. 2006 年，交纳税费及其他情况

B901	取消农业税后，家庭负担减轻程度	很多		多		一般		无影响	
B902	是否还要交纳其他费用，请列出费用名目及数量	名目	元	名目	元	名目	元	名目	元
B903	家庭负担主要体现在哪些方面（可多选）	子女教育		子女婚嫁		看病医疗		其他	

10. 家庭成员外出打工的情况

B1001	外出打工的主要地点	县内	省内	外省大城市	沿海城市	其他
B1002	外出打工的主要行业	工业工厂	建筑业	商场/餐饮业/保安	运输业	其他
B1003	外出打工的主要途径	村里组织	亲朋好友介绍	同乡介绍	自己寻找	其他

11. 关于借贷、储蓄等问题

B1101	储蓄状况	有否银行储蓄	储蓄的主要目的（可多选）				
			子女上学/婚嫁		养老	看病医疗	盖房	其他

B1102	借贷情况	有否借贷	借贷主要途径			银行借贷有何困难	本村有否放高利贷者、主要是哪些人
			银行或信用社	民间借贷	亲朋好友借贷		

B1103	保险情况	是否听说过农业生产保险	本村是否可以购买此类保险	你家是否购买	是否参加其他保险，如养老保险、医疗保险、人寿保险等

12. 居民生活质量和基础设施

B1201	你对住房条件是否满意	很满意	满意	一般	差	你对住房状况有哪些意见与建议：
B1202	你对社区环境是否满意	很满意	满意	一般	差	你对社区环境有哪些意见与建议：
B1203	你对农民收入增收的看法	是否感觉困难	困难主要体现在何处			其他（请列出名目），并谈谈自己的看法：
			收入来源单一	生产资料价格高	得不到扶贫帮助	

B1204	农村精神文明建设状况	对本村治安状况是否满意:	本村最突出的社会问题是什么:
		你认为业余生活状况如何:	本村是否组织过文化体育活动:

13. 关于农村社会事业发展状况

B1301	你认为本村中小学教育事业有哪些不足之处,请在下列选项标出,并请补充您的看法:	学校数量不够	学校环境差	其他
		教师数量不够	教师水平不高	
		收费太高	学生作业太多	

B1302	本村有哪些农民组织,您是否参加:		本村组织过哪些培训,您是否参加:	

B1303	关于本村养老和医疗等社会保障体系	是否参加农村新型合作医疗	是否报销过医药费,数量多少?	是否参加本村养老保障,对其是否满意?

B1304	本村民主选举、民主决策、民主监督状况的看法	是否参加过村委会干部选举	本村重大事情是否召开过村民大会讨论	村委会是否能代表多数村民的利益	对村干部工作不满,您怎么办?

三　劳动时间安排

农忙季节

家庭成员编码	一	二	三	四	五	六
起床时间						
第一项活动						
持续时间						
第二项活动						
持续时间						

续表

家庭成员编码	一	二	三	四	五	六
第三项活动						
持续时间						
第四项活动						
持续时间						
第五项活动						
持续时间						
第六项活动						
持续时间						
第七项活动						
持续时间						
第八项活动						
持续时间						
第九项活动						
持续时间						
第十项活动						
持续时间						
第十一项活动						
持续时间						
第十二项活动						
持续时间						
第十三项活动						
持续时间						
第十四项活动						
持续时间						
休息时间						

农闲季节

家庭成员编码	一	二	三	四	五	六
起床时间						
第一项活动						
持续时间						

家庭成员编码	一	二	三	四	五	六
第二项活动						
持续时间						
第三项活动						
持续时间						
第四项活动						
持续时间						
第五项活动						
持续时间						
第六项活动						
持续时间						
第七项活动						
持续时间						
第八项活动						
持续时间						
第九项活动						
持续时间						
第十项活动						
持续时间						
第十一项活动						
持续时间						
第十二项活动						
持续时间						
第十三项活动						
持续时间						
第十四项活动						
持续时间						
第十五项活动						
持续时间						
休息时间						

后　记

　　我们国情调研课题组的负责人张平及魏众 15 年前曾在山东省德州地区陵县边临镇挂职锻炼，对边临镇怀有深厚的感情，适逢开展国情调研活动，很自然地将边临镇选作了调研的目标。依据张平、魏众曾经在边临镇工作生活过的优势之利，在调研过程中我们很快与当地的干部群众打成一片，通过与昔日的同事朋友的畅谈及其他的座谈访问、参观考察、查阅资料、问卷调查等各种方式，获得了大量的第一手的真实资料，以期能够更加全面、更加真实地反映这些年来边临镇社会经济的发展状况。

　　在历时一年的调研工作中，我们国情调研课题组在课题负责人张平的带领下，课题组成员魏众、黄志钢、吴延兵、张凡等一行曾多次赴陵县边临镇开展调研。2007 年 1 月 24 日至 27 日，课题组赴陵县进行了初次调研，首先课题组与陵县政府主要职能局：统计局、财政局、税务局、县发改委及县开发区等负责人进行了座谈，了解陵县的整体发展状况并赴开发区参观访问县办企业。随后课题组赴陵县边临镇进行调研，与边临镇政府主要领导及各部门负责人进行座谈，了解边临镇总体情况，并参观考察了木材加工厂等乡镇企业。随后我们又到边临镇仁义店村与支书、村民促膝聊天。同时我们还赴陵县县档案馆、边临镇镇档案室，查阅搜集县志等相关材料，了解边临镇社会发展、经济发展的演变过程等。

　　2007 年 4 月 17 日至 20 日，国情调研课题组再次赴陵县边临镇开展进一步的调研，这次我们调研的重点是对边临镇进行更深层次、更全方位的调研：一、进行访谈，与边临镇镇政府的领导、各主管部门负责人座谈，访问当地的学校、卫生院、乡镇企业和村办企业等相关人员，了解边临镇①教育与培训；②医疗养老；③计划生育；④社会治安；⑤科技兴农；⑥土地状况；⑦基础设施；⑧乡政府功能；⑨乡镇规划等多方面的情况；二、查阅档案，查找有关边临镇这些年来社会发展，经济发展等方面的相关资料；三、入户问卷调查，首先我们对乡统计站的人员进行了培训，对我们设计的问卷的相关问题进行了讲解，并亲自入户进行了试问卷，随后选择 100 户有代表性的农户，由乡统计站人员将问卷下发，并要求统计员一个月后将 100 户调查问卷收集后交给我们，然后进行录入、统计、分析。

在整个调研过程中，无论是陵县县长、边临镇镇长还是仁义店村支书及县办公室、乡办公室及统计站统计员等所有相关人员都给我们提供了极大的帮助，在此我们向他们每一位表示衷心的感谢！特别感谢：陵县人民政府副县长邢志军、陵县人民政府秘书长、陵县人民政府办公室主任王华营、陵县人民政府副秘书长、陵县人民政府办公室常务副主任吕学斌、陵县农业办公室主任邱永军、陵县边临镇原党委书记乔瑞华、陵县边临镇党委副书记、镇长李立明、陵县边临镇党委书记孔亮、陵县边临镇副镇长兼办公室主任吴健等领导在百忙之中抽出时间接受我们的访问，为我们介绍和提供了大量的有关陵县和边临镇经济社会发展情况，并为我们的调研工作提出指导性意见，为我们安排了大量的座谈访谈和实地考察活动；感谢边临镇仁义店村王玉春书记，感谢他 15 年前把我们引领入农村的经济、社会、政治等真实的农村生活，感谢他 15 年后为我们提供了大量的农村、农民生活真实变化的方方面面；感谢边临镇镇政府的魏俊红、李春霞、刘玉红、张金峰等同志为我们搜集资料、问卷调查付出的辛勤劳动；感谢陵县县政府的张彦锋从始至终对我们的调研工作和生活提供的大量的协助和帮助。总之感谢所有为我们的调研提供各种帮助的人们，没有他们的帮助和付出，不会有此项成果的顺利完成。

我们希望此书的完成能够为边临镇今后的发展起到积极的促进作用，我们希望通过自己的工作和努力为边临镇的发展尽到一些微薄之力，我们希望边临镇、陵县、中国的新农村明天更美好！

"山东陵县边临镇"国情调研课题组

2008 年 8 月